SAPIENZA DEL DESERTO

1

AUTORE: ANBA EPIPHANIUS
TITOLO: L'ARTE DELL'ESSERE MONACO
SOTTOTITOLO: INSEGNAMENTI MONASTICI
                            DI UN PADRE DEL DESERTO
                            CONTEMPORANEO
TITOLO ORIGINALE: ANBĀ IBĪFĀNIYŪS ALLAḎĪ
                            'AḤABBA AL-RAHBANA:
                            TA'ĀLĪMUHU WA-'IẒĀTUHU
                            WA-KITĀBĀTUHU AL-
                            RAHBĀNIYYA

الأنبا إبيفانيوس الذي أحب الرهبنة:
تعاليمه وعظاته وكتاباته الرهبانية

ISBN: 978-1-7329852-6-1
COLLANA: SAPIENZA DEL DESERTO
PREFAZIONE: S.S. TAWADROS II
CURA E INTRODUZIONE: MARKOS EL MAKARI
TRADUZIONE: DALL'ARABO A CURA DI
                            MARKOS EL MAKARI
FORMATO: 12,7 X 20,32
PAGINE: 213
IN COPERTINA: FOTO SCATTATA AD ANBA
                            EPIPHANIUS AL MONASTERO
                            DI SAN MACARIO DURANTE LA
                            TONSURA DI UN MONACO.

2020 PRIMA RISTAMPA CORRETTA

© 2020 SAN MACARIO EDIZIONI
MONASTERO DI SAN MACARIO IL GRANDE (EGITTO)
P.O. BOX 2780
IL CAIRO - EGITTO
EMAIL: INFO@SANMACARIOEDIZIONI.COM
TEL. +201282211923

13303 SCOTCH RUN CT
CENTREVILLE, VA 20120-6428
UNITED STATES OF AMERICA

ANBA EPIPHANIUS
VESCOVO E ABATE DEL
MONASTERO DI SAN MACARIO IL GRANDE

L'ARTE DELL'ESSERE
MONACO

INSEGNAMENTI MONASTICI DI UN PADRE DEL DESERTO CONTEMPORANEO

PREFAZIONE DI S.S. PAPA TAWADROS II

INTRODUZIONE, CURA E TRADUZIONE
DEL MONACO MARKOS EL MAKARI

SAN MACARIO
EDIZIONI

PREFAZIONE[1]

DI S.S. TAWADROS II

La memoria del giusto
dura per sempre (Sal 111,6).

Amati, siamo qui riuniti in questo mattino attorno al santo sacrificio[2], per ricordare il nostro amato padre, sua Eccellenza anba Epiphanius, vescovo e superiore di questo storico monastero. Facciamo memoria insieme della sua dipartita, avvenuta nel 2018. Ma è nella piena speranza della resurrezione che viviamo questa commemorazione benedetta. Prendiamo in prestito le parole senza tempo del santo Apostolo Paolo il quale ha detto:

Siano rese grazie a Dio, il quale sempre ci guida nel suo corteo trionfante in Cristo e diffonde ovunque per mezzo nostro il profumo della sua conoscenza! Noi siamo infatti dinanzi a Dio il buon profumo di Cristo per quelli che si salvano e per quelli che si perdono (2Cor 2,14-15).

Queste parole veritiere possiamo applicarle a questo nostro caro che ha lasciato questo mondo.

---

[1] Discorso pronunciato al Monastero di San Macario il Grande in occasione del primo anniversario del martirio di anba Epiphanius. Il testo integrale è tratto da *al-Kirāza* (rivista ufficiale del Patriarcato copto ortodosso), anno 47, nn. 31-32, 23 agosto 2109, p. 11. Tutte le note nel testo sono a cura del traduttore.

[2] Nella liturgia copta *al-dabīḥa al-muqaddasa* "il santo sacrificio" è sinonimo di Divina Liturgia.

Siano rese grazie a Dio – *Per colui che cammina nella via di Dio e che procede nel sentiero spirituale della propria vita, il rendimento di grazie è il caposaldo più importante ed è l'opera che egli compie ogni giorno, anzi in ogni minuto della sua esistenza. Grazie a Dio! La Chiesa ci insegna a iniziare le nostre preghiere, che siano private o pubbliche, con l'orazione di ringraziamento: "Ti ringraziamo per ogni cosa, secondo ogni cosa e in ogni cosa, perché ci hai protetti, aiutati, custoditi, accolti, risparmiati, sostenuti e portati fino a questa ora". Rendere grazie, fratelli amati, significa che percepiamo la grazia divina che accompagna la nostra vita. Colui, infatti, che non ringrazia non conosce la grandezza della grazia riversata nella propria vita.*

Dio, il quale sempre ci guida – *È Dio a guidare le nostre vite perché è il Pantocratore. Egli ci guida ogni giorno, secondo le sue parole: "Ecco, io sono con voi tutti i giorni, fino alla fine del mondo" (Mt 28,20). Non è con noi soltanto come compagno di viaggio ma anche come guida e reggitore della nostra vita, non solo della nostra vita di individui, ma della vita della Chiesa. Come abbiamo letto oggi nel brano paolino: "Noi sappiamo che tutto concorre al bene di quelli che amano Dio" (Rm 8,28). E noi abbiamo fiducia in questa promessa divina, e cioè che tutte le cose concorrono sempre al bene di quelli che amano Dio, anche se non ne siamo perfettamente consapevoli.*

Nel suo corteo trionfante – *"Corteo" è una bella parola che viviamo continuamente nella Chiesa. Dire "corteo" è come dire "processione". Qui si tratta di un corteo trionfante, del corteo del trionfo della Resurrezione che sentiamo nelle nostre vite. Cristo è venuto, si è incarnato, è stato crocifisso, è morto ed è risorto per noi, per donarci una vittoria* continua nelle nostre vite. Per questo, si tratta di un corteo di quei vincitori che hanno vissuto sulla terra, hanno lottato e faticato, meritando di ricevere una corona e di partecipare a questo corteo. Immaginiamo, carissimi, un corteo che parte dal nostro paese, dall'Egitto, un corteo che comincia con l'Apostolo Marco, l'evangelizzatore dell'Egitto, e include, via via in una fila lunghissima che si estende lungo le generazioni e i secoli, tutti i santi che conosciamo e che non conosciamo. Questo corteo lunghissimo è il corteo di coloro a cui chiediamo l'intercessione, che pregano per noi, il corteo di coloro che ci offrono la loro vita come modello per la nostra. A questo corteo si è unito ormai il nostro amato padre anba Epiphanius. E ogni giorno, vi si uniscono anime sincere e fedeli, anime convertite.

In Cristo – *Il corteo è vittorioso in Cristo o per Cristo. Spesso ci concentriamo sulle fatiche e sulle debolezze del corpo e sulle malattie. Ma dobbiamo aver fiducia in questa vittoria che Cristo ha donato a noi e ai padri apostoli, una vittoria che ha donato a tutti i martiri, a tutti gli asceti, e a tutti coloro che hanno vissuto una vita su una terra che non era degna di loro. Questo corteo vittorioso lo vede Cristo e lo vediamo noi con gli occhi della fede. Quanto è forte il nostro desiderio di unirci anche noi a questo corteo!*

Sempre – *Vi prego di fermarvi un attimo insieme a me a meditare su questa parola. In ogni tempo, non importa quanto breve sia, Dio unisce a questo corteo numerose persone, mentre noi siamo ancora in vita. E quando salutiamo i nostri cari che hanno vissuto in giustizia e santità diventando giusti, ecco che li vediamo partecipare a questo corteo che si estende dalla terra verso il cielo: il corteo della vittoria in Cristo in ogni istante.*

Diffonde ovunque per mezzo nostro il profumo della sua conoscenza. Noi siamo infatti dinanzi a Dio il buon profumo di Cristo – *A questo corteo non si unisce una persona qualunque, ma colui che ha il buon profumo di Cristo. Attraverso questo profumo, gli altri sanno chi è il Cristo redentore e salvatore.*

Il buon profumo di Cristo – *Questo buon profumo è il profumo del Salvatore il cui nome è stato invocato su di noi. Questo buon profumo si diffonde. Non è un profumo materiale, ma un profumo che si diffonde attraverso il tempo e le generazioni. Le vite dei giusti sono come il buon profumo che si diffonde ed è emanato in tutto il mondo.*

Queste parole riguardano il nostro amato anba Epiphanius. In primo luogo, era un uomo che ringraziava continuamente, non con parole di cortesia o come per chiudere un discorso, ma con espressioni sincere che uscivano dal cuore. Ringraziava Dio per tutto ciò che realizzava in lui e vedeva tutte le cose buone. Dopo la sua morte e il suo martirio abbiamo scoperto che sopportava molte cose da solo, cose che gli causavano un dolore enorme. Ma, obbedendo al comandamento, era sempre grato. È stato grato a Dio che lo ha guidato nel suo corteo vittorioso. Si è unito a questo corteo unico, il corteo della vittoria della Resurrezione in Cristo. Dopo aver portato a termine la sua vita e dopo che i suoi giorni sulla terra sono finiti, secondo la volontà di Dio, si è unito a questo corteo. Noi meditiamo sulle vite sante degli uomini che partecipano a questo corteo e che celebriamo nella nostra Chiesa mediante la lettura del Sinassario. Dobbiamo essere orgogliosi che un uomo come anba Epiphanius sia vissuto in mezzo a noi, diventando per noi un intercessore in questo corteo, e un amico. È una persona di cui essere orgogliosi sia entrata a far parte del corteo vittorioso nella persona di Cristo.

"Diffonde ovunque per mezzo nostro il profumo della sua conoscenza". Sì, quest'uomo benedetto emanava questo buon profumo di Cristo ovunque andasse. Tutti coloro che hanno avuto a che fare con lui o lo hanno soltanto incontrato, in Egitto o all'estero, nel monastero o al di fuori del monastero, si sono inebriati di questo profumo. Il buon profumo di Cristo è una delle grandi grazie che Dio fa sì che emanino da noi. Sì, il profumo di Cristo emana dalla tua presenza, dalla tua persona, dalle tue parole, dalle tue azioni, dal tuo silenzio, dalla tua quiete. Questo buon profumo si è effuso dalla persona di anba Epiphanius, non in un solo posto, ma in posti diversi. Molti hanno testimoniato dei loro incontri privati con questo vescovo, incontri nei quali gli hanno chiesto consigli spirituali, oppure in occasione di incontri pubblici, ad esempio durante eventi che hanno avuto luogo in Egitto o all'estero. Si è fatto sempre portavoce di opinioni moderate, mantenendo sempre uno sguardo positivo sulle cose. Parlava come se attendesse di essere ispirato direttamente dalla persona di Cristo. È questo che intende il versetto quando dice essere il buon profumo di Cristo. È stato amato, è diventato noto, ma soprattutto è diventato il profumo di Cristo, ovunque e sempre. Cercava sempre la purezza del cuore. Cercare la purezza del cuore, fratelli, significa vivere la conversione ogni giorno. Cercava davvero questo e non si è lasciato cambiare dall'alta carica o dalla sua anzianità in monastero. Era monaco da decenni ed è diventato vescovo, eppure non è cambiato. È rimasto sempre lo stesso: un uomo che ha consacrato la sua vita alla ricerca di una conversione sincera davanti a Dio. Ha vissuto una vita che odorava del buon *profumo di Cristo, da monaco, da sacerdote, da vescovo. Ha vissuto una vita che profuma e tutti quelli che sono entrati in contatto con lui, lo hanno percepito. Soltanto coloro che avevano il cuore indurito non hanno percepito questa buona fragranza.*

La sua vita è stata fedele, secondo le parole della Scrittura: "Sii fedele fino alla morte" (Ap 2,10). Sì, queste parole si applicano a lui. Ha vissuto fedelmente la sua vita. Dopo essersi laureato in medicina, ha lavorato come medico saggio. Poi ha vissuto castamente in questo monastero storico, ha servito come sacerdote, poi come vescovo estremamente discreto e affabile, e infine come martire fedele che ha compiuto la sua missione fino alla fine, meritando di ottenere la corona della vita (cf. Ap 2,10). Sì, ha vissuto fedele al suo monastero, alla sua fede, alla sua vita monastica, alla sua vita interiore davanti a Dio. E in aggiunta a tutto ciò, è riuscito ad approfondire moltissimo le sue conoscenze e ha stretto numerose amicizie in tutto il mondo. Molte persone che sono venute a trovarmi si ricordano della sua presenza, delle sue parole e della sua personalità. Una volta una persona che mi ha fatto visita mi ha detto: "Non ho regalo più bello da offrirle che queste foto che ho scattato con lui, in posti diversi". Ne ha fatto un bell'album e me ne ha fatto dono. È stato fedele fino alla morte.

Facciamo memoria di questo fratello amato, ricordandoci della sua vita che è divenuta come un faro per la storia della Chiesa. Usufruiamo degli scritti che ha prodotto, delle sue omelie che sono state registrate e pubblicate, e anche della sua persona unica che è vissuta in mezzo a noi.

Siamo certi che egli ci senta e che sia passato dalla terra al cielo. Ora abbiamo un amico, un intercessore per noi, per la Chiesa e per il monastero.

Siamo qui riuniti, fratelli, per rendere gloria al nome santo di Dio che ci ha donato questo frutto benedetto. Glorifichiamo la famiglia benedetta nella quale è cresciuto, glorifichiamo il suo servizio prima che diventasse monaco, e glorifichiamo questo monastero nel quale ha vissuto la vita monastica in mezzo ai suoi padri monaci e ai suoi anziani. Glorifichiamo il suo ministero di vescovo benedetto che è servito a molto nonostante Dio gli abbia concesso soltanto pochi anni nella carica episcopale. Eppure ci ha offerto un modello vivo che resterà tra noi per gli anni a venire. Ringraziamo Dio. Compartecipano questi nostri sentimenti i padri metropoliti, i padri vescovi presenti qui con noi, i padri sacerdoti, i diaconi e tutto il popolo.

Offriamo le nostre condoglianze a questo monastero e gli uni gli altri, e chiediamo a Dio di consolarci tutti, di intenerire il nostro cuore, di incoraggiarci a essere sempre pronti e a desiderare di ottenere un posto nel suo corteo vittorioso. Dio doni a tutti noi una vita pura, come l'ha vissuta anba Epiphanius, e di essere sempre pronti fino alla fine.

E al nostro Dio ogni gloria e onore, ora e per sempre. Amen.

Sua Santità Tawadros II,
Papa di Alessandria
e Patriarca della predicazione di San Marco

Monastero di San Macario il Grande,
22 abīb 1735 / 29 luglio 2019

INTRODUZIONE

> Come sempre guardiamo il sole e sempre ne
> restiamo meravigliati, così, di quest'uomo, noi
> abbiamo memoria sempre nuova. Infatti il
> giusto sarà sempre ricordato sulla terra - finché
> c'è terra -, nei cieli e presso il giusto Giudice[1].

Queste parole, scritte da San Basilio il Grande in un pa-
negirico che dedicò al santo martire Gordio di Cesarea di
Cappadocia, ci sembrano il modo migliore per introdurre
la commemorazione del secondo anniversario del martirio
del nostro padre vescovo e abate anba Epiphanius[2]. Egli è
davvero per noi monaci, così come per moltissimi suoi figli
spirituali sparsi nel mondo, un sole di straordinaria santità
e giustizia che trae la sua meraviglia da "Colui che santifica"
(Eb 2,11) e l'unico "Sole di giustizia" (Ml 3,20), nostro Signore Gesù Cristo. Ogni volta che meditiamo sulla vita di
anba Epiphanius restiamo sempre stupiti per come abbia
voluto camminare, consciamente e totalmente, dietro
all'Agnello sgozzato, avendo come unica arma l'amore, la

---

[1] Basilio di Cesarea, *I martiri*, Città Nuova, Roma 1999, p. 95.
[2] Per uno sguardo d'insieme sulla figura di anba Epiphanius si ri-
manda ai testi introduttivi del volume anba Epiphanius, *Una salvezza
così grande*, San Macario Edizioni, Wādī al-Naṭrūn 2020², pp. 5-56. Si
consiglia anche la lettura di alcuni suoi apoftegmi che si trovano alla fine
del libro citato, pp. 281-288. Ringrazio vivamente il dott. Antonio Pa-
nero e fratel Marek per aver rivisto le bozze di questo libro.

misericordia, la pazienza, la mitezza, l'umiltà, e come unica meta la Gerusalemme celeste.

Crediamo che sia necessario continuare a guardare a quest'uomo santo con grande timore e tremore, per contemplare quella che San Pacomio, padre della *koinonía*, definiva "una visione mirabile":

> Disse abba Pacomio: "Uno dei fratelli mi ha chiesto una volta: 'Raccontaci una delle visioni che hai, in modo da poterne trarre profitto'. Gli ho risposto: 'A un peccatore come me non vengono date visioni. Ma, se vuoi avere una visione mirabile che possa esserti davvero utile, te la indico. Essa è questa: *se vedi un uomo umile di cuore e puro, questa è la più grande di tutte le visioni perché, per mezzo di lui, vedi Dio che è invisibile*. Non chiedere, dunque, una visione più eccellente di questa'"[3].

Questo libro vuole parlare di anba Epiphanius e della vita monastica. E lo farà attraverso la viva voce del nostro abate, offrendo una serie di lunghe conferenze di argomento monastico che egli ha stimolato sia all'interno del Monastero di San Macario, che all'esterno. Il loro contenuto è stato pubblicato l'anno scorso dal nostro monastero, all'interno di un'antologia in lingua araba di testi monastici, in occasione del primo anniversario del suo martirio[4].

---

[3] Apoftegma n. 78 in *Bustān*, p. 50.

[4] *Anbā ibīfāniyūs alladī 'aḥabba al-rahbana: ta'ālīmuhu wa-'iẓātuhu wa-kitābātuhu al-rahbāniyya* (Anba Epiphanius, amante del monachesimo: i suoi insegnamenti, le sue omelie e i suoi scritti monastici), a cura dei monaci del Monastero di San Macario, Wādī al-Naṭrūn 2019. L'antologia araba contiene anche una seconda parte dedicata ad articoli monastici che speriamo di poter tradurre in un secondo momento.

Tuttavia, riteniamo che, per poter trarre un maggior giovamento dagli insegnamenti monastici di anba Epiphanius sia necessario offrire, in questa introduzione, due elementi importanti. Da un lato, partendo dalla sua personale ricerca monastica che lo ha caratterizzato sin da tenera età, raccontare il monaco e l'abate Epiphanius. Siamo convinti, infatti, che, essendo la vita monastica prima di tutto "vita" vissuta, sia molto difficile parlare in astratto del monachesimo, perché si rischia di perdere le coordinate della "vita" e di ritrovarsi a compiere un esercizio filosofico. I monaci del deserto egiziano hanno parlato di monachesimo a partire dalla propria esperienza e hanno sempre visto con un certo sospetto ogni tipo di sistematizzazione della vita sia spirituale che monastica, anche quando si è trattato di tentativi raffinati come quello compiuto da Evagrio Pontico o dallo stesso Giovanni Climaco.

Il fatto che il monachesimo sia, dunque, innanzitutto "vita" vissuta, significa che ci troviamo di fronte a "una relazione vissuta di intenso e sconfinato amore per Cristo"[5] e, di conseguenza, a "una vera e autentica morte al mondo, cioè a se stessi"[6], vissuta nel quotidiano. In secondo luogo, "vita" monastica significa che essa riguarda un'esperienza personale incarnata all'interno di una realtà monastica concreta. Usando le parole di abuna Matta el Meskin[7] "la

---

[5] Wadid el Makari, "Matta el Meskin e la vita monastica", in *Matta el Meskin: un padre del deserto contemporaneo*, a cura di Guido Dotti e Markos el Makari, Qiqajon, Magnano 2017, p. 115.

[6] Matta el Meskin, *Comunione nell'amore*, Qiqajon, Magnano 1999, p. 147.

[7] Sulla figura di Matta el Meskin si consiglia la monografia antologica in lingua italiana a lui dedicata *Matta el Meskin: un padre del*

comunità monastica nella quale vive è per il monaco l'arena in cui si sottopone alla morte a se stesso"[8]. Per anba Epiphanius, così come il suo padre spirituale Matta el Meskin, il monachesimo si situa, dunque, alla confluenza tra la rivelazione dell'amore di Dio, il dato esperienziale e il dialogo costante con le esperienze degli altri, in particolare degli anziani di oggi e dei monaci del deserto delle origini. La meditazione dell'abate copto sul monachesimo è il frutto della sua esperienza sincera che tiene insieme questi tre elementi che abbiamo tratteggiato or ora.

Tuttavia, pur partendo dal suo dato esistenziale, che mantiene un peso rilevante, l'abate egiziano non si lascia andare a un esistenzialismo estremista. Al contrario, dialoga costantemente in spirito di obbedienza con l'anziano vivente, esperto dell'arte del monachesimo, e rettifica la sua esperienza alla luce dei padri monastici antichi. Malgrado i due momenti principali della vita monastica di anba Epiphanius (come semplice monaco e come abate) possano, all'apparenza, sembrare non sovrapponibili, tuttavia esistono numerosi tratti comuni che cercheremo di mettere in evidenza. La meraviglia di questo vescovo-abate è che è riuscito, nonostante le potenti forze contrarie, a restare monaco anche da superiore. Che cosa significasse per lui "restare monaco" diventerà chiaro nel corso della lettura.

Dopo aver tratteggiato, per quanto ci è possibile da osservatori esterni, l'esperienza monastica di anba Epiphanius nelle sue due fasi principali, evidenziando il suo legame

deserto contemporaneo, a cura di Guido Dotti e Markos el Makari, Qiqajon, Magnano 2017.

[8] Matta el Meskin, *Comunione nell'amore*, p. 147.

spirituale con San Macario e padre Matta el Meskin, ci sof-fermeremo su un secondo elemento. Tenteremo di offrire una sintesi dei suoi temi monastici maggiori, di quei *leitmotiv* su cui insisteva continuamente da abate, e che, evidente-mente, si basano anche sulla sua lunga esperienza di sem-plice monaco. Il racconto della sua esperienza monastica chiarisce l'insistenza su certi insegnamenti e, al contempo, l'insegnamento esplicita ciò per cui ha sempre vissuto. Ed è straordinario constatare, alla fine, come quest'uomo, da monaco come da abate, sia stato sempre profondamente coerente con se stesso.

Prima di addentrarci a conoscere meglio la figura del martire anba Epiphanius, vale la pena sottolineare che quest'antologia è rivolta a quanti hanno abbracciato il mo-nachesimo e camminano su questa via. Queste pagine sono ricche di questioni e aspetti della vita cristiana che sono re-cepibili e applicabili soprattutto da chi vive una vita co-mune cristiana. Pur tuttavia, il suo contenuto profonda-mente evangelico fa sì che ogni cristiano possa trarne giova-mento. "Se qualcuno vuol venire dietro a me, rinneghi se stesso, prenda la sua croce e mi segua" (Mc 8,34), "se uno viene a me e non odia suo padre, la madre, la moglie, i figli, i fratelli, le sorelle e perfino la propria vita, non può essere mio discepolo" (Lc 14,26), e altri versetti che si incontre-ranno nelle pagine che seguono, non sono tratti da un "ma-nuale per i monaci", ma dal Vangelo, e dunque, sono rivolti a ogni cristiano che, nel battesimo, ha accettato di morire a se stesso con Cristo per risorgere con lui a una vita nuova.

1. La ricerca monastica del giovane Tādrus.

Della vita di anba Epiphanius prima dell'arrivo in monastero sappiamo l'essenziale. Nacque il 27 giugno 1954 a Ṭanṭā, cittadina nel delta del Nilo a metà strada tra il ramo di Rosetta (a ovest) e quello di Damietta (a est), da una famiglia religiosa. Molti suoi parenti hanno scelto la vita consacrata nel sacerdozio. Il giovane Tādrus Zakī Tādrus Ǧirgis, secondo di cinque figli, è stato sin dall'infanzia legato alla chiesa di San Giorgio Megalomartire del quartiere di al-Ḥumra di Ṭanṭā. Lì si formò come cristiano e lì conobbe la persona che fece da anello di congiunzione tra lui e il Monastero di San Macario.

La mitezza e la discrezione del giovane Tādrus furono ben presto notate dal vescovo del governatorato di al-Ǧarbiyya, anba Yū'annis (1923-1987), uomo carismatico e di vasta cultura, la cui opera è ancora troppo poco nota nell'ambito della Chiesa copta. Di lui anba Epiphanius ha serbato sempre uno straordinario ricordo e, da vescovo, ha espresso più volte la sua profonda riconoscenza nei suoi confronti per averlo incoraggiato nella sua scelta di farsi monaco. Lo considerava come il suo mentore della fase che precede l'entrata in monastero, ruolo che poi è stato occupato da padre Matta el Meskin. Anche anba Yū'annis aveva molta stima del giovane Tādrus. Quando scoprì la sua passione per la lettura, gli chiese di aiutarlo nella sistemazione e nella gestione della biblioteca della cattedrale e della sua biblioteca personale. In questo modo, ebbe accesso per la prima volta a tutta una serie di testi importanti in lingua araba, tra cui le pubblicazioni apologetiche di inizio Novecento da cui il giovane Tādrus prese ben presto le distanze.

Tra la fine delle scuole superiori e i primi anni universitari va cercato il suo discepolato *ante litteram* nei confronti
di padre Matta el Meskin e della spiritualità macariana. Negli anni 1970/1971 Tādrus fece la conoscenza di un giovane
diacono di Alessandria, Maǧdī 'Anīs, che lo invitò, insieme
ad altri, ad andare a fare un pellegrinaggio ai monasteri di
Wādī al-Naṭrūn. Il giovane, alle soglie dell'università, accettò l'appello insieme ad altri ragazzi della sua età.
All'epoca, avventurarsi in viaggio per giungere a Scete[9] era
piuttosto difficile: l'attuale autostrada Cairo-Alessandria
era poco più che una strada provinciale circondata – e
spesso sommersa – dalla sabbia, priva di qualsivoglia

---

[9] Macario fu l'iniziatore della vita monastica a Scete dove vi arrivò
attorno al 330. Giovanni Cassiano (*Conferenze* XV,3,1) lo conferma ampiamente. Scete è una depressione desertica (circa 23 metri sotto il livello
del mare) lunga circa 60 chilometri, sita nel governatorato di al-Buḥayra
(Egitto), circa 90 chilometri a nord-ovest del Cairo. Il nome arabo,
"Wādī al-Naṭrūn", significa "wadi del natron", a causa della presenza
nel territorio circostante di diversi laghi contenenti nitrati, in particolare questo sale speciale, il natron appunto, usato soprattutto per la
mummificazione dei corpi. Il nome copto, ⲰⲒϨⲎⲦ o ⲰⲒⲎⲦ, "Scete", significherebbe "bilancia del cuore". L'origine di questa etimologia viene
fatta risalire da un importante testo di San Macario, *Le virtù di San
Macario*, al cherubino che, ponendo una mano sotto il cuore di Macario, lo pesa come fosse su una bilancia: "Abba Macario gli disse: 'Che
significa questo?'. Gli rispose il cherubino: 'Peso il tuo cuore'. Gli chiese
abba Macario: 'Qual è il senso di queste parole?'. Il cherubino gli disse:
'Daranno a questo deserto, che Cristo ti ha dato in eredità, il nome del
tuo cuore, ma egli te ne chiederà i frutti'" (*Virtù di san Macario* 1). Negli Apotegmi dei Padri del deserto Scete viene talvolta chiamata "il
grande deserto" (*panérēmos*) (cf. *Alfabetica*, Macario 3: "Quando abba
Macario abitava nel grande deserto (*en tē panérēmō*), era da solo lì, in
totale anacoresi").

segnaletica e senza illuminazione e, dunque, bisognava stare
attenti perché il rischio di incidenti era molto alto. Inoltre,
per poter giungere al monastero, non esisteva il viale asfal-
tato di sei chilometri che esiste oggi e che collega il monastero storico all'attuale autostrada. Alla fine del 1972 fu
creata la prima semplice strada sterrata, nel bel mezzo del
deserto. Chi arrivava da Ṭanṭā con il trasporto pubblico,
come nel caso di Tādrus, doveva fare un viaggio di almeno
sei ore, se tutto andava bene, a cui andava aggiunta un'ora
a piedi per percorrere la strada sterrata. Il rischio, però, era
alto di perdere la corriera che da al-Ḥaṭāṭba passava solo due
volte al giorno davanti alla strada sterrata del monastero.
Tādrus aveva un grande desiderio di conoscere i monasteri
e in particolare il Monastero di San Macario perché sin dalle
superiori aveva iniziato la lettura dei testi di padre Matta el
Meskin, in particolare del suo volume sulla preghiera *Ḥayāt
al-ṣalāh al-'urtūḍuksiyya* (La vita di preghiera ortodossa)[10],
pubblicato nel 1952, anche grazie ai suggerimenti di suo padre che da tempo si era avvicinato alla produzione spirituale
del monaco egiziano. I familiari, che dopo l'entrata in monastero lo hanno visto raramente e per brevi istanti, lo ricordano per la sua inestinguibile sete di conoscenza e per essere
stato un lettore vorace, in particolare proprio delle opere di
padre Matta el Meskin: ancora ricordano di come divorò,
entusiasta, in poco tempo, il voluminoso studio dedicato a
Sant'Atanasio[11].

---

[10] In traduzione italiana: Matta el Meskin, *L'esperienza di Dio nella
preghiera*, Qiqajon, Magnano 1999.

[11] Cf. Mattā al-Miskīn, *al-Qiddīs ʾaṯanāsiyūs al-rasūlī al-bābā al-
ʿišrūn (296-373): sīratuhu, difāʿuhu ʿan al-īmān ḍidd al-ʾariyūsiyyīn,*

In quella prima visita ai monasteri, San Macario fu lasciato per ultimo, dopo al-Baramūs, anbā Bišōī e al-Suriyān. Non appena entrato, Tādrus trovò dei monaci affaticati per l'alacre attività di rifondazione del monastero, all'epoca appena cominciata, ma che, pur tuttavia, mostravano dei volti luminosi e pacifici. Le sue letture del padre spirituale del monastero e la sua esperienza di persona diedero a Tādrus la certezza che quel luogo aveva qualcosa di unico e il suo cuore vi si legò indissolubilmente. Da quel momento in poi i pellegrinaggi e i ritiri a San Macario sarebbero continuati costantemente, all'inizio insieme a Maǧdī 'Anīs, e poi da solo o insieme a un amico.

La frequentazione di San Macario lo fece innamorare della *tasbiḥa*, la preghiera di lode dell'alba della tradizione copta, che in città non veniva praticata. La *tasbiḥa* di San Macario era (e resta tutt'ora) peculiare rispetto a quella praticata dagli altri monasteri per due ragioni principali: la prima è l'adozione di un ritmo cadenzato e meditativo; la seconda è la libertà con la quale vengono scelti i brani da cantare, di modo che non si renda necessario correre per finire tutto. Inoltre, all'epoca, il coro della comunità, che non superava la trentina di monaci, era molto disciplinato e la preghiera si faceva a lume di candela. Tutto questo era estremamente suggestivo.

---

lāhūtuhu (Sant'Atanasio Isoapostolo, il ventesimo papa (296-373): biografia, difesa della fede contro gli Ariani, teologia), Monastero di San Macario, Wādī al-Naṭrūn 1981. Il volume, di circa ottocento pagine, è considerato tutt'oggi come il miglior studio in lingua araba sul Padre della Chiesa alessandrino.

Quando, quaranta anni dopo, nel 2013, anba Epiphanius fu scelto dai monaci di San Macario per essere eletto abate, Sua Santità Papa Tawadros II chiese di incontrarlo per conoscerlo meglio prima di affidargli l'incarico di abate. L'incontro avvenne il 26 febbraio 2013. Alla domanda sul perché avesse scelto proprio il Monastero di San Macario egli rispose che la scelta era dettata da due ragioni: la preghiera mattutina di San Macario e gli scritti di padre Matta el Meskin[12].

Ritornando agli anni Settanta, Tādrus e alcuni suoi amici si ingegnarono, durante i ritiri a San Macario, per memorizzare la *tasbiḥa* e riuscirono perfino a recuperare una prima rudimentale registrazione delle lodi che portarono in città. Fu grazie a quella musicassetta che i giovani riuscirono a ravvivare la catechesi giovanile in città, creando un appuntamento settimanale fisso, il giovedì, nel quale riunirsi e pregare tutti insieme. Il numero dei giovani, entusiasti di quella che ormai era stata battezzata la "*tasbiḥa* di San Macario", crebbe così tanto che si crearono due cori, uno maschile e uno femminile, che cantavano alternatamente.

Il primo incontro, faccia a faccia, con padre Matta el Meskin avvenne durante la Settimana Santa del 1974. Durante uno dei suoi ritiri, Tādrus, poco più che ventenne, non sapeva che avrebbe assistito a una delle rare e più belle catechesi di padre Matta fatte ai giovani. Di sera, mentre si ritirava in cella, padre Matta chiese chi fosse ospitato nel *qaṣr*, la piccola foresteria dell'epoca, in quel momento. Gli fu detto che c'erano degli studenti universitari. Decise di

---

[12] Da una conversazione privata avuta con anba Epiphanius il 19 settembre 2015.

salire al piano degli ospiti e iniziò a parlar loro di come la Sacra Scrittura avesse plasmato la sua vita monastica. Ci fu un'ora di catechesi, a cui successivamente fu dato come titolo *Taʾṯīr al-ʾinğīl fī ḥayātihi al-rahbāniyya* (L'impatto della Scrittura sulla vita monastica di padre Matta el Meskin)[13], poi diventata molto nota. Alla fine, padre Matta chiese agli studenti se conoscessero due importanti inni della Settimana Santa: *Ō Monogenēs* e *Pekthronos*. Si alzò timidamente qualche mano. Allora disse padre Matta:

> Come è possibile? Allora significa che dobbiamo farvi restare qui e insegnarvi tutti gli inni necessari. E sono sicuro che tra di voi ci saranno dei monaci. Forse pensate che fatichiamo invano con voi?[14]

Di quel gruppo sei divennero monaci in anni diversi. Tra questi, Tādrus.

Mentre in Tādrus cresceva il desiderio di farsi monaco nel monastero che aveva amato, si applicò per terminare gli studi, senza che nessuno sapesse le sue vere intenzioni. Nel 1978 ottenne il baccalaureato in Medicina e Chirurgia presso l'Università di Ṭanṭā, iniziando la pratica medica presso la Divisione di Otorinolaringoiatria, prima come tirocinante (1979), poi come medico in una guardia medica nella campagna del governatorato di al-Daqahliyya (1980-1981) e poi come specializzando all'ospedale universitario di Sūhāğ (1982-1983). Alla fine del 1983 si iscrisse ai corsi teorici di specializzazione, all'Università di Banhā, ma fu vinto dal desiderio di partire. Non frequentò mai i corsi. Pochi mesi

---

[13] Registrazione MM-44 (cf. *Audiografia*, pp. 332-387).

[14] Conversazione con uno dei presenti, attualmente monaco del monastero.

dopo, infatti, vendette tutto ciò che aveva e partì per stabi-lirsi al Monastero di San Macario.

Tra gli episodi simpatici che ci sono stati raccontati c'è quello di quando decise di andare a chiudere il suo conto bancario, malgrado non sapesse ancora se sarebbe stato ac-colto in monastero o meno. Entrato in banca chiese all'im-piegato di procedere alla chiusura del conto. L'impiegato ri-spose: "Che gran peccato! Perché mai vuole chiuderlo?". Al che rispose: "Sto per partire per andare all'estero!". L'im-piegato replicò: "Deve trattarsi certamente di un invito[15]!". E Tādrus disse: "Sì, infatti si tratta proprio di un invito"[16].

2. *Il monaco Epiphanius.*

È impossibile indagare le motivazioni profonde che spingono una persona a farsi monaco. Certamente in anba Epiphanius la scelta si definì nel corso degli anni, soprat-tutto dopo l'inizio della sua frequentazione del Monastero di San Macario, e la decisione fu presa in età matura, du-rante i suoi studi e la sua attività da medico. Scegliere il Mo-nastero di San Macario, soprattutto a quell'epoca, significa-va avere chiara l'impossibilità di percorrere strade

---

[15] In arabo la parola *da'wa* significa sia "invito" che "vocazione". Con *da'wa* l'impiegato intende un invito fatto da un cittadino straniero che permette a un cittadino egiziano di ottenere facilmente un visto d'ingresso. Anba Epiphanius, ovviamente, intendeva *da'wa* nel senso della vocazione da parte di Dio...

[16] L'aneddoto è riportato dal monaco Arsanius el Makari nell'intro-duzione alla prima edizione del libro sugli insegnamenti monastici di anba Epiphanius, uscito in occasione del primo anniversario del suo martirio, a cui si è già fatto cenno: *al-Anbā ibīfāniyūs alladī 'aḥabba al-rahbana: ta'ālīmuhu wa-'iẓātuhu wa-kitābātuhu al-rahbāniyya*, p. 7.

alternative o parallele al monachesimo, come il carrierismo ecclesiastico o il servizio sacerdotale alle parrocchie. Se si voleva diventare sacerdoti, cosa che ormai era diventata prassi negli altri monasteri, il Monastero di San Macario non era affatto il luogo giusto dove entrare. Probabilmente il tratto che più contraddistingueva San Macario dagli altri monasteri era il fatto che la vocazione della comunità fosse solo e solamente monastica. I tre pilastri del monachesimo di San Macario, infatti, così come erano stati pensati da padre Matta el Meskin, erano rappresentati da una vita di preghiera continua e di lavoro serio e impegnativo; l'amore fraterno come fondante la vita comunitaria; il rifiuto della clericalizzazione della comunità[17].

L'entrata in monastero avvenne sabato 18 febbraio 1984, dopo aver frequentato il monastero da ospite per più di dieci anni. Poche settimane dopo l'inizio del suo percorso monastico, venne a trovarlo la sua famiglia che era stata colta di sorpresa da questa sua decisione così radicale. È vero, nella sua famiglia molti suoi cugini avevano scelto di consacrarsi come sacerdoti, ma nessuno aveva optato per il taglio netto con i familiari che si esige nel monachesimo. Suo padre, preoccupato per le sorti del figlio gli chiese: "Ti posso lasciare dei soldi?". 'Aḫ[18] Tādrus rispose: "In qualità di che cosa?". E suo padre: "Sono pur sempre tuo padre!". Il giovane rispose con lo zelo ardente tipico dei novizi: "Io sono morto e tu sei morto! Non sei più mio padre!". Per il padre e la famiglia fu una doccia fredda. Anni dopo un

---

[17] Cf. *Tafsiliyya*, pp. 244-255.
[18] Nella pratica attuale, il termine 'aḫ "fratello" è preposto al nome del novizio.

maturo anba Epiphanius, pur ammettendo la severità delle sue parole, riconobbe l'effetto benefico che queste ebbero alla lunga sulle relazioni tra lui e la sua famiglia d'origine:

> I miei familiari divennero essi stessi dei monaci e mi aiutarono a essere monaco. Mai si sono intromessi nella mia vita in monastero e, dopo quell'episodio, non ho mai dovuto affrontare delle lotte spirituali per causa loro[19].

Anba Epiphanius entrò in monastero in un momento storico che molti riconoscono come l'"epoca d'oro" della comunità. In monastero vi era una attività intensa. La ricostruzione del monastero era ancora in corso e i monaci trascorrevano al lavoro molte ore al giorno. Anche la vita spirituale era nel suo fulgore, per una serie di motivi. Innanzitutto la presenza in comunità di padre Matta el Meskin che quotidianamente offriva ai monaci le sue lunghe catechesi evangeliche e monastiche[20]. Inoltre, quando era presente in monastero ogni occasione era buona per creare conferenze estemporanee nei cortili e nei viottoli del monastero. Bastava che una domanda di un monaco richiedesse una risposta un po' più articolata perché attorno ad abuna Matta affluissero decine di monaci assetati di ascoltare. La presenza di abuna Matta faceva sì che la comunità fosse non già il "paradiso terrestre" ma certamente era, per usare un aggettivo con cui anba Epiphanius descriveva quegli anni, "disciplinata". Altro elemento da non sottovalutare: la comunità all'epoca era più piccola rispetto ad ora, attorno ai novanta

---

[19] *al-Anba ibīfāniyūs alladī 'aḥabba al-rahbana*, pp. 7-8.

[20] Queste catechesi sono state quasi tutte registrate e in minima parte anche pubblicate.

monaci (attualmente il monastero conta centoventiquattro monaci), ed era tutta riunita intorno alla figura carismatica di padre Matta el Meskin. Ciò la aiutava a vivere un affratellamento reale, a essere davvero un solo corpo e un solo spirito, chiamati all'unica speranza della vocazione (cf. Ef 4,4). In quegli anni vissero molti monaci santi che aiutarono tutta la comunità, con la loro semplice presenza, a restare concentrata sullo scopo ultimo per il quale erano usciti dal mondo. Infine, all'epoca era molto difficile arrivare al monastero e, generalmente, l'ingresso in monastero era concesso a poche persone. Padre Matta el Meskin teneva molto a preservare la quiete dei monaci, soprattutto in considerazione del fatto che durante la giornata erano spesso occupati in diversi lavori impegnativi, e temeva che un'apertura senza controllo avrebbe irreparabilmente compromesso la vita monastica. Dunque, la serietà del lavoro e della vita spirituale dei singoli monaci, la piccola comunità, il sostegno di monaci santi, il numero ridotto degli ospiti e la sola presenza del padre spirituale, abba Matta, erano tutti elementi che invogliavano i monaci a mantenere un clima di raccoglimento e di focalizzazione spirituale, senza distrazioni.

Quando entrò in monastero anba Epiphanius il noviziato era molto breve. Infatti, dopo solo due mesi, il 21 aprile 1984, il giorno di Sabato della Luce (Sabato Santo), fu ordinato monaco[21] ricevendo il nome di Epiphanius. Lavorò per molto tempo nell'allevamento delle galline ovaiole. Ma

---

[21] Nella Chiesa copta ortodossa si parla di *risāma rahbāniyya*. *Risāma* è il termine ecclesiastico usato anche per le ordinazioni per tutti i gradi del diaconato e del sacerdozio, ivi compresa l'ordinazione papale.

ben presto, grazie alle sue numerose qualità, gli fu chiesto di ricoprire diverse cariche importanti del monastero.

Innanzitutto, grazie alla sua grande disponibilità e alla sua affabilità gli fu affidato l'incarico di curare e servire i malati, non solamente all'interno delle mura del monastero, ma soprattutto quando si rendeva necessario uscire. Nel 1997 gli fu chiesto di accompagnare, in qualità di medico, il suo padre spirituale, padre Matta el Meskin, durante il suo viaggio negli Stati Uniti. Padre Matta doveva sottoporsi a un delicato intervento a cuore aperto. In quel viaggio, durato all'incirca due mesi, l'allora abuna Epiphanius ebbe modo di conoscere meglio il suo padre spirituale, in particolare venendo a contatto con la sua parte più umana e fragile. Fu un'esperienza che segnò profondamente il suo cammino monastico e che custodì gelosamente al suo ritorno in monastero.

Nel 2002 accompagnò padre Yūḥannā in Germania per un intervento di angioplastica, e infine, nel 2008, i padri Lūqā e Panaghias, sempre in Germania, per delle cure antitumorali. Tornato in Egitto, continuò a curare questi ultimi due monaci con grandissima devozione fino al momento del loro passaggio all'altra vita. La mansione di medico gli permise di entrare in contatto diretto con il Cristo sofferente, vedendo concretizzarsi quotidianamente le parole sulla mistica della Croce che aveva imparato dal suo padre spirituale. Servire gli ultimi, i più deboli e i più fragili del monastero, gli insegnò la pazienza e l'umiltà, due virtù che raggiunsero l'apice durante il suo episcopato.

Il monaco Epiphanius era anche dotato di raffinate qualità intellettuali che, fin dalla sua entrata in monastero, non passarono inosservate al padre Matta el Meskin. Mentre era ancora novizio, questi lo incoraggiò a studiare i Padri e la Tradizione della Chiesa e gli indicò tutta una serie di letture fondamentali, sia in arabo che in inglese. Un testo di teologia ortodossa contemporanea che lo nutrì particolarmente fu il saggio di Vladimir Lossky "La teologia mistica della Chiesa d'Oriente" che sembrava, in molti punti, convergente con la teologia mistica alessandrina, in generale, e con quella miskiniana, in particolare. Anni dopo ricordò come quella lettura consigliatagli da padre Matta el Meskin fu per lui una fondamentale introduzione alla comprensione della ricchezza del patrimonio teologico dell'Oriente cristiano e incoraggiò altri a leggerlo[22]. L'amore del giovane monaco per la Scrittura e la Tradizione facevano sì che si immergesse per delle ore nella lettura della letteratura patristica e monastica antica e degli studi liturgici. Questo suo grande amore per la lettura che, come si è detto, lo ha accompagnato sin da giovane, fece sì che padre Matta lo scelse per la cura delle due biblioteche del monastero, prima quella in lingua araba e poi quella in lingue straniere. Fu un bibliotecario estremamente puntuale e fedele al proprio incarico. Si deve a lui la digitalizzazione del catalogo cartaceo e l'acquisizione di importanti volumi. In quanto bibliotecario, ha avuto l'occasione di incontrare numerose personalità di passaggio in monastero. Tutti ne hanno potuto saggiare l'affabilità, la disponibilità e l'apertura che si esprimevano con il suo accogliente e inimitabile sorriso. Ha scritto di lui il coptologo padre Philippe Luisier, a questo proposito: "L'avevo

---

[22] Da una conversazione personale con anba Epiphanius.

incontrato quando era bibliotecario, poi l'ho rivisto quando è diventato abate e vescovo. Era sempre uguale a se stesso, con questo sorriso che è soltanto suo"[23]. Va detto, infine, che da vescovo non volle abbandonare del tutto il lavoro di bibliotecario per la gioia che gli dava. È grazie a lui e al suo desiderio di diffondere la conoscenza che si deve l'inizio del processo di digitalizzazione dei manoscritti del monastero nell'ambito del più ampio progetto di digitalizzazione del *Hill Museum and Manuscript Library*, coordinato da padre Columba Stewart[24].

Per questa sua meticolosità gli fu chiesto dal padre spirituale di occuparsi anche della contabilità del monastero. A partire dagli inizi degli anni Novanta fino alla fine della sua vita, si è speso totalmente per questo compito piuttosto ingrato. Nel 2015 affermò che l'aver accettato quell'incarico, nonostante non avesse alcuna competenza di contabilità, gli insegnò il valore profondo dell'obbedienza.

Obbedendo, ho percepito che il Signore mi aiutava. Ve lo dico con sincerità, senza arroganza. Sentivo che il Signore lavorava insieme a me. Tanto che il direttore della banca con cui noi trattiamo è venuto in monastero e mi ha lodato di fronte ad abuna [Matta] dicendo: "Questo monaco è uno dei migliori economi con cui abbia mai avuto a che fare!"[25].

Inoltre, abuna Epiphanius lavorò per un periodo nella

---

[23] Da una corrispondenza via email.

[24] I manoscritti sono accessibili all'indirizzo https://www.vhmml.org/readingRoom/collections a mano a mano che vengono digitalizzati.

[25] Dalla registrazione della *collatio* monastica con i novizi del Monastero di Bose, 10 settembre 2015. Cf. *infra*, p. 187.

tipografia del monastero, nel reparto di fotocomposizione. Per questa stessa precisione e per la sua ottima conoscenza dell'arabo classico fu ben presto richiesta la sua collaborazione come revisore delle bozze della tipografia del monastero.

Lavorando alla casa editrice ha potuto anche contribuire, come autore, alla rivista del monastero *Saint Mark*. È in quest'officina di scrittura che vengono piantati i semi di alcuni suoi lavori pubblicati dopo la sua ordinazione come abate, come le sue meditazioni bibliche e i suoi studi dei commentari del noto autore arabo-cristiano Būlus al-Būšī.

Nel 2002, quando i monaci incaricati di celebrare la liturgia cominciavano a invecchiare, padre Matta el Meskin, allo scopo di alleviare il carico dei monaci anziani, ha scelto alcuni monaci per essere ordinati presbiteri. Tra questi vi era abuna Epiphanius. Sebbene avesse chiesto in lacrime di esserne esentato perché indegno, ha dovuto, per obbedienza, sottoporsi a questa ordinazione. Da allora, a causa della sua semplicità e della sua spiritualità, su di lui e su abuna Panaghias cadeva la scelta per concelebrare con il nostro *rubbēta*[26] di allora, abuna Kyrillos, in occasione delle grandi feste e della gran parte delle domeniche dell'anno. Alla fine di ogni celebrazione, abuna Panaghias, per

---

[26] *Rubbēta* è una parola egiziana di origine siriaca (*rab baytā*, lett. 'padrone di casa'). Nel monachesimo copto, tale figura indica il monaco incaricato dell'organizzazione e del coordinamento degli affari quotidiani del monastero. Il *rubbēta* è la seconda carica del monastero dopo l'abate, che oggigiorno è anche vescovo. Volendo fare un paragone con il monachesimo occidentale, il *rubbēta* è simile a un priore con funzioni di economo, laddove il monastero è presieduto da un abate.

allontanare qualsiasi sentimento di vanagloria, scappava nella stalla per mungere le vacche. Allo stesso modo, abuna Epiphanius si esercitava a offrire i suoi servizi ai più umili e a chiunque ne avesse bisogno.

3. L'abate Epiphanius.

Dopo l'ordinazione episcopale i monaci hanno iniziato a notare come anba Epiphanius, per usare le parole di padre Luisier, "fosse rimasto sempre uguale a se stesso". Non ha mai accettato che gli si facessero le *metanie*[27] e a coloro che insistevano diceva: "Se ti prostri davanti a me, farò lo stesso con te!" oppure "Se ti prostri, non ti saluto più!". Non ha mai indossato in monastero la cosiddetta *'imma*, il copricapo tipico dei vescovi copti, né ha mai portato il pastorale. La *'imma* la indossava soltanto per le grandi occasioni, quando, per ragioni istituzionali, si sentiva in obbligo di obbedire all'autorità patriarcale. Tante volte lo abbiamo visto indossare la *'imma* per il tempo esatto di una cerimonia o di una liturgia patriarcale. Non appena l'occasione era ufficialmente finita, non lasciava passare nemmeno un istante prima di toglierla e di deporla. Per lui la *'imma* era come un muro che gli si chiedeva di ergere tra lui e gli altri, lui che ha sempre cercato di mettersi sullo stesso piano degli altri per poter essere più vicino a loro. Inoltre, non amava che gli altri lo chiamassero "eccellenza" o "monsignore". Era molto contento, invece, se qualcuno lo chiamava semplicemente *abūnā* "padre". Diceva che questi titoli altisonanti (eccellenza, monsignore ecc.), estranei alla tradizione, si erano

---

[27] Prostrazioni per chiedere la benedizione.

introdotti furtivamente nella Chiesa copta durante la dominazione ottomana.

La liturgia in comunità era un altro spazio nel quale ha cercato di essere il servo di tutti. Chiedeva che durante la liturgia non fossero intonati in suo onore gli inni propri del vescovo. Non si è mai seduto sul seggio episcopale (che, tra l'altro, in monastero, non era che una semplice poltrona) ma si sedeva a terra come gli altri monaci. Si rifiutava di indossare gli abiti liturgici propri del vescovo, accontentandosi di una semplice tunica bianca come gli altri celebranti. A chi gli chiedeva il perché di una tale estrema sobrietà rispondeva: "Questi abiti ornati sono per i vescovi diocesani. In monastero, dobbiamo conservare la nostra semplicità monastica". Per le liturgie nelle quali doveva ungere l'assemblea (come, ad esempio, il venerdì della fine della Quaresima e il Sabato della Luce), non aspettava che i fedeli andassero da lui, ma era lui che, prendendo l'ampolla d'olio, passava tra le fila e ungeva ognuno al proprio posto. Molto spesso, quando presiedeva la preghiera del vespro, lo abbiamo visto mettersi in piedi di proposito in mezzo al coro posteriore e non nel coro anteriore della Chiesa di Sant'Apa Ischiron dove dovrebbe stare lo ieromonaco che guida la preghiera. Anba Epiphanius ha vissuto nella comunità come *neóteros* (il più giovane) e *diákonōn* (colui che serve) pur essendo *igúmenos* (colui che governa) e *meizōn* (il più grande; cf. Lc 22,26). Egli ha incarnato quotidianamente, concretamente, per i monaci Colui che ha detto ai suoi discepoli: "Io sto in mezzo a voi come colui che serve" (Lc 22,27). Ciò gli forniva una grande elasticità con i fratelli. Il suo senso del discernimento, che coltivava mettendosi sempre al posto dell'altro, gli permetteva di non essere mai rigido. Prima di prendere una decisione ascoltava molto e cercava sempre di adattarsi a colui che aveva davanti.

Egli credeva fermamente al fatto che il superiore del monastero dovesse essere in tutto uguale ai fratelli. Più volte ha ripetuto ai monaci il seguente detto di Pacomio:

> Di San Pacomio si racconta che una volta stava compiendo un lavoro con i fratelli e che tale lavoro necessitava che ognuno di loro portasse una gran quantità di pane. Uno dei giovani gli disse: "Non sia mai che tu porti qualcosa, padre. Ecco, io porto ciò che basta per me e per te insieme". Gli rispose il santo: "Non sia mai. Se del Signore è stato scritto che ha voluto somigliare ai fratelli in ogni cosa (cf. Eb 2,17), come potrei io ignobile distinguermi dai miei fratelli così da non trasportare il mio carico come loro"[28].

Il monaco Seraphim del Monastero di al-Baramus commenta questa sua insistenza sull'orizzontalità del monachesimo:

> Consciamente o inconsciamente non ha mai ambìto a essere un altro capo rispetto all'unico capo, Cristo. Era felice di essere compagno degli altri, unito a loro nell'unica speranza, in qualità di membro dell'unico Corpo. Solo come membro, o fratello, o compagno. Proprio come scrive San Giovanni all'inizio dell'Apocalisse: "Io, Giovanni, vostro fratello e compagno nella tribolazione, nel regno e nella perseveranza in Gesù" (Ap 1,9). È per questo che ritengo che non si sforzasse di essere umile o semplice con chi aveva attorno. Essere così rappresentava davvero fonte di felicità per lui. Per questo motivo, soffriva e si infastidiva se qualcuno tentava di innalzarlo

---

[28] Apoftegma n. 75 in *Bustān*, p. 48.

in una posizione che gli facesse perdere il piacere della comunione spontanea con i suoi fratelli nell'unico Corpo[29].

Il refettorio era uno spazio conventuale importantissimo per anba Epiphanius, e si parlerà dei motivi di tale importanza più avanti[30]. Per ora basti dire due cose. Innanzitutto, anba Epiphanius fu autore, proprio in refettorio, di un gesto inaudito. I monaci si siedono normalmente su degli sgabelli molto bassi, in ordine di arrivo in monastero: alla destra del leggio, dove quotidianamente si leggono i detti dei Padri del deserto e che è posto nel punto di incontro dei due rami della lunga tavola a forma di ferro di cavallo, ci sono i monaci più anziani, mentre alla sinistra ci sono quelli più giovani. Dopo l'elezione all'abbaziato gli era stato preparato in refettorio il seggio episcopale davanti al leggio. Con estrema semplicità, con un gesto che ha spiazzato tutti, prese uno dei piccoli sgabelli dei monaci e la targa con il suo nome e si sedette a fianco dell'ultimo novizio. In secondo luogo, teneva particolarmente a leggere lui stesso ogni giorno gli apoftegmi dei Padri del deserto per trasmettere ai suoi monaci il valore della profonda comunione con le generazioni precedenti. Quando, in refettorio, egli ci leggeva gli *Apoftegmi* dei Padri del deserto, sentivamo che i confini della nostra comunità si ampliavano fino a contenere centinaia di migliaia di santi monaci che hanno vissuto prima di

---

[29] Monaco Seraphim al-Baramūsī, "Anbā ibīfāniyūs: nasama rā'iqa min nasamāt al-'abadiyya", (Anba Epiphanius: una brezza leggera dell'eternità) in *Anbā ibīfāniyūs: waġhun taġallā fihi al-ḥubb* (Anba Epiphanius: un volto sul quale si è manifestato l'amore), Madrasat al-Iskandariyya, Il Cairo 2018, p. 56.

[30] Cf. *infra*, pp. 73-74.

noi e che, sempre vivi, ci guardano dall'alto, ci incoraggiano e vivono in comunione con noi: "Dio non è dei morti, ma dei viventi" (Lc 20,38). Era davvero commovente vedere come, dopo le cinque ore della liturgia della domenica (buona parte delle quali trascorse in piedi...) e dopo aver benedetto uno a uno tutti i monaci, per non far aspettare i monaci, si svestisse in fretta degli abiti liturgici e, a passo spedito, si dirigesse in refettorio per recitare, trafelato, la benedizione e leggere gli apoftegmi.

Infine, riteneva che il suo compito di vescovo fosse prima di ogni altra cosa presiedere all'unica Divina Liturgia comunitaria, quella domenicale [31] che riunisce attorno

---

[31] Sin dai tempi di padre Matta el Meskin si è insistito molto nel Monastero di San Macario sull'importanza dell'unica Divina Liturgia comunitaria che raccoglie nell'unità tutti i monaci. Nel tempo annuale (ordinario) si celebra soltanto la domenica: le preghiere iniziano con le lodi di mezzanotte, alle 2 di notte, e terminano con la Divina Liturgia vera e propria. In via eccezionale, nei periodi di digiuno, vengono aggiunte altre Divine Liturgie: durante i digiuni minori (il digiuno della Natività, degli Apostoli e della Vergine Maria) la liturgia comunitaria si celebra anche il mercoledì e il venerdì. La Quaresima è un caso a parte. Il Monastero di San Macario in Quaresima celebra la liturgia eucaristica tutti i giorni (tranne il sabato), in orari ritardati rispetto al solito per permettere ai monaci e ai fedeli di digiunare. Il cambio di prassi liturgica è molto evidente. In Quaresima la prospettiva eucaristica copta, e in particolare quella del monastero, è diversa da quella delle altre chiese ortodosse che, vedendo nell'eucarestia l'espressione del banchetto escatologico e dunque della festa, e ritenendola per questo "incompatibile con il digiuno", secondo l'espressione di Schmemann, non celebrano la Divina Liturgia durante i giorni feriali quaresimali, limitandosi alla cosiddetta "liturgia dei presantificati" nella quale i fedeli si comunicano al Corpo e al Sangue santificati la domenica precedente. Nella Chiesa copta si sottolinea, invece, l'importanza della comunione alla vittoria su

all'unico Pane tutti i monaci, e distribuire loro il Corpo e il Sangue del Signore. Per anba Epiphanius, era così che poteva contribuire al meglio a realizzare lo scopo finale, non solo del monachesimo cenobita, ma addirittura quello della creazione intera: "Ricondurre a Cristo, unico capo, tutte le cose" (Ef 1,10). Perciò, non mancava mai alla liturgia domenicale, a meno che fosse obbligato per un viaggio o una malattia, e incoraggiava i suoi monaci a fare lo stesso. In questo è stato un degno successore dei vescovi dei primi secoli, di Ignazio, Cipriano, Ireneo e Pietro di Alessandria. E come loro ha concluso la sua vita con il martirio.

4. "Lo spirito di San Macario": la paternità spirituale di anba Epiphanius.

Perché l'abate anba Epiphanius ha voluto vivere così? Prima di rispondere, vorremmo evocare un'immagine che può aiutarci a farci strada nel cuore di anba Epiphanius. Nel Monastero di San Macario sono conservate molte reliquie. Le reliquie dei tre Macari[32], poste in tre cilindri lignei, rivestono una grande importanza, e in particolare quelle di San Macario il Grande, fondatore del monachesimo di Scete. Tra le altre reliquie importanti vi sono quelle di San Giovanni Battista, Precursore del Signore, quelle di Sant'Eliseo profeta, discepolo di Elia, e quelle di San Giovanni

---

Satana ottenuta da Cristo durante il suo ritiro nel deserto e, dunque, vengono praticate tutte le vie che rafforzano tale comunione, in testa alle quali, ovviamente, la comunione ai misteri.

[32] Si tratta di Macario il Grande (300-390), Macario l'Alessandrino (300 ca.-395) e Macario vescovo di Tkaw (m. 451), le cui reliquie giacciono nella grande chiesa di San Macario il Grande, nel suo monastero.

Kolobós[33]. Ora, anba Epiphanius sembra aver ottenuto da Dio un po' dello spirito di questi quattro santi. A un prete australiano che gli chiese nel luglio 2018 che cosa fosse cambiato in lui dopo l'abbaziato, anba Epiphanius disse esplicitamente:

Il Signore mi ha dato lo spirito di San Macario: vedo le persone peccare ed è come se non le vedessi.

Quest'espressione riprende un famoso detto di San Macario:

Dicevano del padre Macario il Grande che diventò, come sta scritto, un dio sulla terra (cf. Sal 81,6). Infatti, come Dio copre il mondo con la sua protezione, così il padre Macario copriva le debolezze che vedeva come se non le vedesse e quelle che udiva come se non le udisse[34].

Dunque l'abate di San Macario era conscio di aver ricevuto lo spirito del grande santo del deserto. A giudicare dalle sue parole e dalla sua vita, questa certezza che lo sosteneva nell'opera quotidiana di abate appare evidente. In questo, assomiglia a Sant'Eliseo, il discepolo amato di Elia, che ha chiesto al suo maestro, prima che fosse rapito in cielo sul carro di fuoco, di poter avere una doppia parte del suo spirito (cf. 2Re 2,9). Anba Epiphanius, questo moderno Eliseo, ha chiesto e ha ottenuto lo spirito di San Macario.

---

[33] Giovanni Kolobós (ca. 339-409), ovvero "nano", così chiamato per la sua bassa statura. Padre del deserto, discepolo di Amoe, divenne noto per le sue numerose virtù, in particolare per la sua grande umiltà, obbedienza, pazienza, sopportazione e disponibilità verso il prossimo. Le sue reliquie riposano nella chiesa di Sant'Apa Iskhiron, nel Monastero di San Macario.

[34] Cf. *Alfabetica*, Macario 32 (cf. ed. it., p. 315).

Inoltre, la vita di anba Epiphanius, in particolare gli ultimi anni in cui è diventato un personaggio pubblico, ci ha dimostrato quanto egli possedesse, perlomeno in parte, lo spirito di Giovanni Battista. Anba Epiphanius non aveva la severità del Battista (sebbene avesse certamente il suo spirito ascetico), non immaginava un Cristo che tiene in mano la pala per ripulire l'aia dai malvagi e che brucia la paglia con un fuoco inestinguibile (cf. Mt 3,12). Tuttavia, anba Epiphanius, come Giovanni, non ha mai cercato di prendere il posto di Cristo: "Egli confessò e non negò. Confessò: 'Io non sono il Cristo'" (Gv 1,20). E, nel fare questo, ha sempre indicato la fonte di ogni bene, il Cristo, nel quale abbiamo una salvezza così grande: "Fissando lo sguardo su Gesù che passava disse: 'Ecco l'agnello di Dio, colui che toglie il peccato del mondo!'" (cf. Gv 1,36.29). Anba Epiphanius è stato la voce mite di uno che grida "dal" deserto, sperando, fino all'ultimo, nella trasformazione dei malvagi (cf. Gv 1,23). È stato l'esempio vivente di che cosa significhi: "Lui deve crescere; io, invece, diminuire" (Gv 3,30). Infine, non è necessario ora dire molto su Giovanni Kolobós, perché se ne parlerà abbondantemente nelle prossime pagine. Basti ricordare una sola frase che disse di lui un monaco e che lo collega, senza dubbio, allo spirito con cui ha vissuto anba Epiphanius: "Ma chi è questo padre Giovanni, che con la sua umiltà fa pendere dal suo dito mignolo tutta Scete?"[35].

Dunque, anba Epiphanius si è posto coscientemente sul percorso tracciato da questi quattro santi. Di ognuno di loro ha preso qualche peculiarità ma, a giudicare da quello

---

[35] Cf. *Alfabetica*, Giovanni Nano, 36 (cf. ed. it., p. 241).

che ha espresso verbalmente, possiamo dire che si sentisse investito in particolare dello spirito di San Macario, un monaco e un padre di monaci che è stato sempre profondamente trasparente con se stesso; un monaco che ha fatto della semplicità la sua bussola quotidiana; un monaco che si è rifiutato di giudicare gli altri; un monaco che si considerava sempre in cammino e mai giunto a perfezione; un monaco che ha dimostrato come la misericordia fosse espressione di divinizzazione; un monaco che ha vissuto come essere escatologico vivendo nell'attesa della parusia di Cristo e della vita del secolo venturo.

L'abbaziato di anba Epiphanius, dunque, ha guardato costantemente all'opera spirituale di San Macario. Su di essa si era innestata, già in precedenza, l'opera monastica di padre Matta el Meskin che, al Monastero di San Macario, ha realizzato non solo una rifondazione architettonica ma anche una intensa rinascita spirituale, riposizionando il monastero sull'antica scia macariana attraverso un ritorno alle fonti e allo spirito che animava il monachesimo antico di Scete.

Questa figliolanza spirituale di anba Epiphanius nei confronti sia del padre del monachesimo di Scete che del suo rifondatore appare evidente soprattutto se si guarda in controluce la sua paternità spirituale, negli anni del suo abbaziato. Certamente ci sarebbe da dire moltissimo sulle analogie, spesso straordinarie, che legano questi tre monaci scetioti, ma nelle pagine che seguono tracceremo solo alcuni dei più importanti percorsi comuni.

Per molti anni, anba Epiphanius aveva visto concretamente realizzato lo spirito di San Macario attraverso sia gli scritti che la vita quotidiana di padre Matta el Meskin. È interessante che abuna Matta disse qualcosa di molto simile a quanto espresso da anba Epiphanius a proposito dei doni che Dio gli aveva elargito in qualità di superiore del monastero:

> Con il mio cuore pacifico e amorevole, con la mia anima mite che non conosce rancore, sopporto costoro [quelli che mi avversano] con pazienza. L'impugnatura della spada è nelle loro mani. Io, invece, non sono capace di essere crudele con nessuno. Il mio peggior nemico lo abbraccio come fosse mio fratello, non importa quello che mi abbia fatto. Questo è un dono che mi ha fatto Dio[36].

- Umiltà

La prima risposta alla domanda "perché l'abate anba Epiphanius ha voluto vivere così?" ci sembra essere: perché si riteneva nel profondo un semplice monaco e ha vissuto come un semplice monaco. Questo è un punto essenziale per poter capire sia la sua figura che la sua spiritualità e la sua paternità spirituale. La sua cella, alla quale ritornava ogni sera, anche quando era costretto per impegni ecclesiali e istituzionali a fare molto tardi, ne è il più eloquente testimone: piccola, austera, essenziale. Era stata in precedenza la cella del suo padre spirituale. Quando la prese in consegna, dopo l'ordinazione a vescovo e abate, gli fu detto che era necessario fare dei lavori di ammodernamento perché era rimasto tutto fermo agli anni Settanta! Si rifiutò categoricamente: "La cella deve rimanere così com'è", disse. In quella

---

[36] Conversazione con alcuni monaci (luglio 1979), riportata in *Tafsiliyya*, p. 316.

cella ritrovava sempre la sua spoliazione, il suo abbandono del mondo, il fine profondo della sua scelta monastica. E per non perdere il contatto con tutto questo, compiva anche gesti concreti come il dormire a terra su un umile "futon". "Monaco" era l'unico "titolo", se così si può chiamare, che accettava con gioia, spesso anche con grande commozione. L'essere monaco gli dava una libertà interiore enorme, libertà che traspariva chiaramente agli altri. È per mantenere questo slancio verso Cristo e verso il prossimo che ripeteva spesso ai suoi interlocutori che lo lodavano:

> Non lodare un monaco in faccia altrimenti lo consegni nelle mani del demonio[37].

Questa frase gliel'abbiamo sentita dire, paradossalmente, più quando era vescovo che quando era semplice monaco, a conferma di come si sentisse nel profondo.

Un detto di Macario ci aiuta a capire come anba Epiphanius seguisse, in questo, le orme del padre del monachesimo di Scete:

> Se un fratello si avvicinava con timore al padre Macario, come a un santo e grande anziano, non gli parlava nemmeno. Se invece uno dei fratelli gli diceva come per disprezzarlo: "Padre, quando eri cammelliere e rubavi il nitro e lo vendevi, i custodi non ti percuotevano?", quando qualcuno cominciava così, rispondeva alle sue domande con gioia[38].

Padre Matta commenta questo detto di San Macario con queste parole:

> San Macario rifiutava che gli si mettesse l'aureola a causa delle

---

[37] *Sistematica*, XXI, 54 (cf. ed. it., p. 608)
[38] *Alfabetica*, Macario 31.

sue opere o della sua ascesi o della sua funzione di superiore. Insisteva, invece, nel comportarsi, prima di tutto con se stesso e poi con i suoi figli spirituali, con le stesse qualità e la stessa spiritualità con cui aveva iniziato la vita monastica. Detto fuori dai denti, a San Macario piaceva, nel profondo, continuare a considerarsi un laico, un cammelliere che ruba il natron, e non sopportava che i suoi figli spirituali lo illudessero o lo lodassero come migliore di un laico qualunque. È come se volesse dirci: "Tutto ciò che c'è di negativo o di debole nella mia vita è mio, di Macario, mentre tutto ciò che c'è di nobile e di eccelso è del Cristo che vive in me. Come posso prendere ciò che appartiene a Cristo e attribuirmelo, o come posso prendere per me l'onore che spetta al Cristo?". Questo principio con cui viveva Macario tra i suoi figli ci aiuta a capire meglio la sua personalità: era autentico senza falsità, e non amava l'adulazione; viveva la propria realtà nella sua condizione più fragile senza rinnegare il passato né inorgoglirsi per le riuscite del presente; non imponeva ai suoi figli il rispetto per la sua funzione di superiore. Anzi, non accettava che i suoi talenti fossero messi a disposizione della sua relazione con i suoi figli spirituali e i suoi discepoli ma, in silenzio ed estrema delicatezza, imponeva a tutti che il dialogo e la relazione con loro fossero basati sulla sua debolezza e non sulla sua forza... Macario impose al suo interlocutore di evitare ogni cerimoniosità nei suoi confronti per cancellare dall'animo ogni sensazione di paura o di timore reverenziale di modo che Macario potesse vivere, apparire e parlare con quella sua maniera semplice e autentica che egli amava tanto, come un semplice cammelliere in viaggio verso la sua patria celeste[39].

---

[39] Matta el Meskin, "al-Qiddīs maqāriyūs šaḫṣiyya zāḫira bi-ʿanāṣir ʾinsāniyya yanbaġī ʾan yuqtadā bihā" (San Macario: una personalità ricca di gesti umani da imitare), St. Mark Review, dicembre 1976, pp.

Anche padre Matta el Meskin non amava che gli altri gli dessero un'importanza maggiore di quanto non fosse strettamente necessario. Ai monaci disse una volta:

Dio mi dà, per arricchire gli altri, sei o sette volte tanto delle informazioni che dà a me personalmente. A me nella mia cella dice: "Apri la bocca", e poi mi imbocca con il contagocce! E io dico: "Signore, dammi qualcosa in più. Qui lavoriamo come dei mulini!". E lui mi risponde: "No" [...] Dio mi ha nascosto al mondo ma ha preso il mio nome e lo usa per la sua opera. In ogni caso, io riesco a vedermi chiaramente, e conosco perfettamente me stesso e quanto valgo. Quando qualcuno mi loda non cambio opinione di me stesso. Anzi, mi vergogno da morire[40].

In particolare, è noto che, nonostante moltissimi chiedessero di incontrarlo per la fama che si è diffusa in Egitto e nel mondo, padre Matta di solito non acconsentiva, dicendo che non era una persona importante. Una volta raccontò in una sua omelia:

Amatissimi, c'è un segreto che voglio rivelarvi. Ho pregato il Signore chiedendogli di poter entrare ed uscire dalla chiesa senza che nessuno mi riconosca. Molte volte è successo che la gente non mi riconoscesse. Tanti mi chiedono: "Vogliamo vedere abuna Matta!". Addirittura uno, una volta, mi si è avvicinato e mi ha chiesto: "Non posso incontrare abuna Matta?", e io gli ho risposto: "Assolutamente no. Non acconsentirebbe perché è arrogante! È impossibile farlo uscire dalla cella!". E così il Signore mi ha nascosto agli occhi della gente. Non dobbiamo interessarci se siamo conosciuti o no in

23-24.
[40] Discorso con i monaci, 3 settembre 1982 (riportato in *Tafsiliyya*, p. 309)

chiesa. Dobbiamo pensare soltanto alla nostra cittadinanza celeste senza desiderare niente sulla terra[41].

Conosciamo tutti quell'altro detto famoso di San Macario:

> Un giorno il padre Macario ritornava dalla palude nella sua cella, portando rami di palma. Ed ecco farglisi incontro lungo la strada il diavolo con una falce. Cercò di colpirlo, ma non ci riuscì. Gli disse allora: "Macario, da te emana una tale forza, che io non posso nulla contro di te; eppure faccio tutto ciò che tu fai, tu digiuni, e io non mangio per nulla; tu vegli, e io non dormo affatto, vi è una cosa sola in cui mi vinci". "Quale?", gli chiese il padre Macario. "La tua umiltà; per questo non ho alcun potere su di te"[42].

Anba Epiphanius e abuna Matta erano rivestiti, come San Macario, di questa divina umiltà che metteva in scacco il demonio.

- Semplicità e autenticità

Secondo padre Matta, dunque, la semplicità e l'autenticità erano caratteristiche tipiche di Macario che gli permettevano di viaggiare leggero verso la patria celeste. Anche in questo anba Epiphanius visse secondo lo spirito di San Macario. Una volta alcuni fratelli gli chiesero di adottare delle misure severe nei confronti di un altro fratello che aveva commesso molti peccati. Anba Epiphanius si rifiutò preferendo continuare ad aver pazienza. I fratelli furono molto scontenti ma l'abate sapeva di aver seguito le orme di San Macario. Un giorno, dopo il refettorio, un monaco che

---

[41] Dall'omelia MM-49 (cf. *Audiografia*).
[42] *Alfabetica*, Macario II (cf. ed. it., p. 309).

comprendeva il desiderio profondo di anba Epiphanius di non giudicare i fratelli e la fatica con cui doveva relazionarsi con i fratelli più severi, gli portò su un foglietto un apoftegma di Macario che diceva:

> Dal momento che abba Macario agiva verso tutti i fratelli con grande semplicità (*en akakía*), alcuni gli chiesero: "Perché fai questo?". Rispose: "Ho servito dodici anni al Signore perché mi desse questo carisma, e voi tutti mi consigliate di rinunciarvi?"[43].

Anba Epiphanius lo lesse. Poi alzò la testa verso il fratello e gli disse sorridendo: "Ma dove trovi tu queste cose?".

Padre Matta el Meskin commenta questo detto dicendo:

> "Semplicità" qui significa umiltà. I fratelli che gli posero la domanda sono di quel tipo a cui piace divinizzare i capi. La grazia di cui parla Macario è la grazia di un'anima umile. A prima vista queste parole ci sembrano di poca importanza, riguardanti un evento di per sé trascurabile. In realtà, San Macario ci svela, qui, volutamente, la dimensione profonda della sua vita nascosta con Dio. Ammette che per dodici anni non ha smesso di pregare e di lottare con Dio e con se stesso per attraversare l'abisso di una finta sobrietà, il baratro del preteso rispetto che spetta all'autorità, il precipizio della effimera gloria umana che la comunità monastica, sedotta, proietta sul superiore. Per questo supplicò Dio con insistenza che la sua vita restasse semplice e umile nelle parole e nei fatti affinché potesse trascorrere tutta la sua vita monastica come un principiante, con la stessa semplicità di spirito e la stessa umiltà, senza far percepire ai suoi monaci (e senza che i monaci gli facessero percepire) che era migliore di altri. Da questo racconto

---

[43] *Alfabetica*, Macario 9 (cf. ed. it., p. 309).

si evidenzia come la scena di Macario che parla con i suoi figli spirituali monaci suscitò il sarcasmo di alcuni monaci avanzati che erano caduti nella trappola del rispetto, della reverenza affettata e della gravità da superiore che chi è avanzato negli anni o di grado impone a chi gli è inferiore. Queste sono cose che una comunità malata può imporre al proprio superiore o a chi presiede. Ma dalla risposta risoluta di Macario è chiarissimo che egli fosse ben conscio della piccolezza con la quale viveva, e che tale piccolezza fosse suscettibile del biasimo e dell'ilarità di queste persone che si ritenevano grandi. Il fatto che abbia detto apertamente che per dodici anni aveva pregato affinché vivesse in questa maniera così piccola e semplice ci conferma che considerava questo comportamento come un modello di vita e lo sfondo sul quale si muoveva costantemente. Egli l'aveva desiderato e Dio gliel'aveva concesso come carisma[44].

Per anba Epiphanius il monaco, e l'abate ancora di più, era chiamato a vivere concretamente nel rapporto con i fratelli secondo il versetto: "Se il tuo occhio è *semplice*, tutto il tuo corpo sarà luminoso" (Mt 6,22). Anba Epiphanius è stato un uomo che ha vissuto con semplicità. Con una lunga e sofferta esperienza spirituale e umana, egli ha ricevuto da Dio il dono di ricreare, rigenerare continuamente, mediante l'amore, gli altri in vista del Regno dei cieli. La forza di anba Epiphanius risiedeva nella sua profonda umanità. È stato monaco nel vero senso della parola perché non ha perso la sua umanità. Al contrario, la sua umanità si è trasfigurata attraverso il suo essere monaco, la sua preghiera, la sua ascesi, il suo fedele comunicarsi ai santi

---

[44] Matta el Meskin, "al-Qiddīs maqāriyūs šaḥṣiyya ẓāḥira bi-ʿanāṣir ʾinsāniyya yanbaġī ʾan yuqtadā bihā", pp. 24-25.

misteri, il suo amore e il suo servizio nei confronti di tutti. Questa sua umanità divinizzata faceva sì che guardasse a tutte le cose e a tutte le persone attraverso la luce di Dio che permea il tutto con quell'occhio "semplice" di cui parla il Cristo. Ed è in questo modo che vedeva pure tutte le cose: "Tutto è puro per i puri" (Tt 1,15).

- Non giudicare

Da questa semplicità e da questa purezza scaturiva anche la scelta dell'abate anba Epiphanius di non giudicare. Abbiamo già visto, poco fa, un caso concreto che mostra che cosa significasse praticamente per lui non giudicare. Anba Epiphanius spiegò l'importanza del non giudicare in questo modo:

> Il giudizio e la condanna nascondono all'interno tanti altri peccati: la gelosia, l'invidia, l'odio, il chiacchiericcio... Condannare significa mancare in amore. E se manca l'amore, manca Cristo[45].

Anche Macario, come tanti altri padri del deserto, ha spesso battuto sul comandamento di Cristo di non giudicare: "Non giudicate e non sarete giudicati; non condannate e non sarete condannati; perdonate e sarete perdonati" (Lc 6,37). Abba Pafnuzio, discepolo di San Macario, raccontò una volta del suo padre spirituale:

> Ho pregato il padre mio [Macario] così: "Dimmi una parola!". Ed egli ha detto: "Non far del male a nessuno e non giudicare nessuno: osserva questo e ti salverai"[46].

---

[45] Cf. *infra*, p. 202.
[46] *Alfabetica*, Macario 28 (cf. ed. it., p. 314).

Il "non giudicare" viene considerato, dunque, da Macario al pari di non causare del male a nessuno. Per Macario il
giudicare è legato anche a tre altri fattori. Innanzitutto,
come si evince dalla storia con Macario Alessandrino che al-
lontanò due fratelli che peccarono, di solito si giudica pensando di conoscere tutta la verità. Il che, il più delle volte, è
illusorio. È per questo che, nel detto in questione, Macario
il Grande ribalta la condanna di Macario Alessandrino e al-
lontana lui, in vista, però, di un ravvedimento, "perché
[Macario il Grande] lo amava"[47].

L'altro motivo è che il giudicare esprime una dichiara-
zione più o meno nascosta di santità personale, il ritenersi
migliori degli altri. Infine, spesso, mescolato al giudizio, v'è
ira o astio verso una data persona. Macario mette in guardia
sul fatto che, anche quando un giudizio può apparire giusto, in realtà mette a rischio la salvezza di chi giudica perché
può nascondere la soddisfazione di un peccato:

> Lo stesso padre Macario ha detto: "Se, rimproverando qual-
> cuno, ti lasci prendere dall'ira, soddisfi una tua passione. Non
> perdere te stesso per salvare gli altri!"[48].

- Misericordia: la storia del monaco e dell'orcio

L'abbaziato di anba Epiphanius è stato caratterizzato da
una grande misericordia. Ancora una volta anba Epiphanius era pienamente conscio dello spirito che animava San
Macario e che animava anche lui. A un fratello che una volta
gli chiese di definire in una parola il monachesimo di San
Macario rispose: "Monachesimo della misericordia".

---

[47] *Alfabetica*, Macario 21 (cf. ed. it., p. 312).
[48] *Alfabetica*, Macario 17 (cf. ed. it., p. 311).

Un famoso detto, attribuito nella collezione copto-araba *al-Bustān* proprio a Macario, e che vale la pena di riportare per intero, può illustrare lo spirito con il quale Macario viveva la sua qualità di "padre di monaci":

In una cella c'era un fratello che aveva commesso un fatto terribile. La notizia giunse a padre Macario che non volle riprenderlo. Quando i fratelli vennero a saperlo, spazientiti, si misero a spiare il fratello fino a che la donna entrò da lui. Dissero ad alcuni fratelli di continuare a spiarlo ed essi andarono a dirlo a padre Macario. Dopo avergli riferito il fatto, San Macario disse: "Fratelli, non credete a questa storia. Questo nostro fratello non può fare una cosa simile!". Al che essi risposero: "Abba, vieni tu stesso a vedere con i tuoi occhi, così crederai a quanto ti abbiamo detto". Il santo si alzò e si diresse con loro verso la cella del fratello come se stesse andando a salutarlo, e comandò ai fratelli di allontanarsi un po' da lui. Non appena il fratello si rese conto che l'abba [Macario] stava arrivando, si turbò e, tremando, prese la donna e la nascose dentro un grande orcio che era da lui. Quando l'abba entrò, si sedette sull'orcio e comandò ai fratelli di entrare. Entrati, ispezionarono la cella ma non trovarono nessuno. Non potendo far alzare il santo dall'orcio, parlarono con il fratello e poi [Macario] comandò loro di andar via. Una volta usciti, il santo prese per mano il fratello e gli disse: "Fratello mio, giudica te stesso prima che siano gli altri a giudicarti, perché il giudizio appartiene a Dio". Poi si congedò da lui e lo lasciò. Mentre usciva, gli venne una voce che disse: "Beato te Macario lo Spirituale che ti sei fatto simile al tuo Creatore perché copri, come lui, i difetti degli altri". In seguito, il fratello, tornato in se stesso, divenne un monaco sapiente e lottatore, un coraggioso eroe[49].

Padre Matta el Meskin commenta questo brano:

In questo brano ci troviamo davanti all'incredibile e inegua-
gliabile bellezza spirituale di San Macario. È come se fossimo,
ancora una volta, alla presenza di Cristo stesso e della donna
peccatrice, testimoni di quelle parole piene di straordinaria
dolcezza divina che furono pronunciate dalla bocca di Cristo:
"Neanche io ti condanno. Va' e non peccare più" (Gv 8,11).
San Macario, qui, fratelli, ha raggiunto l'apice del Vangelo. Si
è rivestito dell'immagine di Cristo, anzi di Cristo stesso, e ha
replicato davanti a noi, in maniera simile, l'episodio della
donna peccatrice. Anzi, possiamo dire che i due episodi sono
sovrapponibili in una maniera talmente straordinaria da andare al di là delle capacità della natura umana. Ciò che mi stu-
pisce qui, nella storia del monaco, della donna e dell'orcio, è
l'estrema sensibilità di Macario verso ciò che doveva provare
quel monaco colto in flagranza. È impossibile, fratelli, che un
padre secondo la carne o perfino un padre spirituale si com-
porti in questo stesso modo. Un simile comportamento proviene soltanto da chi è riuscito ad amare l'anima umana peccatrice di un amore divino, come Cristo solo sa amarla. San
Macario ha visto un'anima denudata e per questo si è spo-
gliato dell'abito della sua funzione di padre e di superiore e ha
coperto quest'anima che tutti i suoi confratelli volevano mettere alla gogna. Macario ha visto un'anima umana ferita peri-
colosamente che i fratelli volevano far morire dissanguata in-
fliggendole il colpo di grazia: lo scandalo pubblico. Macario si
è posto, allora, nel mezzo mettendo a repentaglio la sua

---

[49] Apoftegma n. 388 in Anba Epiphanius (ed.), *Bustān al-ruhbān*,
p. 184. Una versione con elementi simili è attribuita ad abba Ammonas
nella collezione alfabetica greca (Ammonas 10). Ma nella tradizione di
Scete questo apoftegma è per eccellenza di Macario.

dignità, la sua giustizia, la sua paternità e perfino la sua purezza, per far cicatrizzare questa ferita sotto la sua protezione e nel suo abbraccio. E la ferita si è chiusa davvero, e quel monaco si è rialzato dalla sua caduta. È stato come se Dio l'avesse coperto in onore della straordinaria delicatezza di Macario. Macario non ha visto il peccato ma un'anima a immagine di Dio che era ferita. Il peccato, nonostante la sua mostruosità, non è riuscito a intaccare la straordinaria dolcezza di Macario nel relazionarsi con l'anima umana, anche quando si trova in una situazione terribile come in questo caso[50].

È bellissima questa immagine che ci trasmette la tradizione copto-araba: "Una volta usciti, il santo prese per mano il fratello... 'Fratello mio...'". A Macario interessa solo la salvezza di suo fratello. Non il peccato, non le chiacchiere, non il rischio di mettere a repentaglio la sua figura di superiore davanti ai fratelli più severi e zelanti. Prende il fratello per mano, per farlo rialzare, come un *alter Christus* che scende negli inferi esistenziali e prende per mano l'Adamo caduto.

Scriveva padre Matta a proposito della necessità del superiore di usare misericordia:

Quando un fratello veniva da me dopo aver fatto qualcosa di sbagliato, mi trovavo davanti a due opzioni: o rimanevo in silenzio, mostrandogli il mio amore, amandolo con quella tenerezza che è propria dell'amore divino che copre tutti i difetti e una moltitudine di peccati; oppure lo affrontavo con la verità, lo rimproveravo, indicandogli il suo errore e correggendolo. Ho trascorso tutta la mia vita dicendo la verità con i fratelli, con la Chiesa, con le persone, con il mondo intero.

[50] Matta el Meskin, "al-Qiddīs maqāriyūs šaḫṣiyya zāḫira bi-ʿanāṣir ʾinsāniyya yanbaġī ʾan yuqtadā bihā", pp. 26-27.

Così facendo mi sono messo alle spalle l'amore. Ma soltanto quest'anno, mi sono accorto di essere giunto a una situazione pericolosa, al punto estremo a cui può giungere la verità, a un punto dopo il quale sarei soltanto indietreggiato, mandando in fumo l'esperienza di una vita. L'amore deve prevalere[51].

Queste non erano semplici parole. L'abate ha ricordato spesso i gesti di misericordia che praticava padre Matta nei confronti dei fratelli che sbagliavano ed erano coscienti dei propri errori, soprattutto se si trattava di errori gravi. Raccontò che una volta un monaco aveva commesso un grave peccato. Padre Matta lo venne a sapere. Il monaco in questione andò a trovare padre Matta nella *dépendance* che il monastero ha sulla costa settentrionale. Anba Epiphanius era lì in quel momento e vide la scena. Racconta:

Appena lo vide, padre Matta gli corse incontro dicendo: "Padre, come stai? Da quanto tempo non ci vediamo! Mi sei molto mancato. Vieni, che mangiamo qualcosa insieme"[52].

Commentava anba Epiphanius:

Matta el Meskin ci ha insegnato che i monaci che sbagliano, anche se fanno gravi errori, sono quelli che hanno bisogno di più amore e accoglienza. Per potersi pentire e convertirsi devono sentire di essere amati. Anche se tu conosci l'errore di un monaco, cerca di non rinfacciarglielo ma

---

[51] Catechesi dal titolo *al-Ḥaqq wa-l-maḥabba* (Verità e amore) pronunciata nel 1967 nel deserto di Wādī al-Rayyān, di cui abbiamo una trascrizione fatta da uno dei monaci che vivevano in un regime di vita semianacoretica con padre Matta. Il testo è stato pubblicato in italiano quasi integralmente in Matta el Meskin, *Ritrovare la strada: meditazioni per la Quaresima*, Qiqajon, Magnano 2017, pp. 227-231.

[52] Da una conversione privata avuta con anba Epiphanius il 19 settembre 2015.

53

di trattarlo con misericordia[53].

Della misericordia del vescovo Epiphanius si potrebbe scrivere molto. Credo che durante gli anni da semplice monaco avesse talmente tanto interiorizzato l'episodio dell'orcio e l'atteggiamento di padre Matta el Meskin verso i peccatori che, quando gli fu data la funzione di superiore, li tenne come stella polare che lo guidava nel servizio ai fratelli. In monastero gli episodi nei quali anba Epiphanius ha coperto i peccati dei monaci non si contano. Fino all'ultimo momento della sua vita, se era necessario menzionare un peccato o una pecca, non faceva mai il nome del monaco che aveva commesso il peccato. Diceva sempre: "Un monaco...". Se l'interlocutore insisteva nel voler sapere il nome rispondeva: "Non è importante".

È noto ormai a tutti che in monastero esisteva un numero di monaci che lo ha avversato fino dal giorno della sua elezione. Questi monaci avevano creato un gruppo su Whatsapp nel quale lo criticavano continuamente, andando spesso ben oltre i limiti della buona educazione. Quando i monaci a lui vicini lo supplicavano di ordinare la chiusura di questo gruppo, rispondeva semplicemente: "Io rispetto la libertà d'opinione. È mediante l'amore, non con la costrizione, che li guadagneremo". Anba Epiphanius credeva fermamente all'amore che pazienta di cui parla San Paolo (cf. 1Cor 13,4) tanto da considerare la pazienza stessa nei confronti di un fratello peccatore come una forma d'amore. Un giorno disse a un monaco di Bose che gli chiedeva: "Che cos'è la pazienza?":

---

[53] Dalla medesima conversazione.

La pazienza è l'amore. L'Apostolo dice, infatti, che l'amore pazienta. Dio stesso ha tanta pazienza con noi perché ci ama. Io non ci metterei niente a espellere queste persone che danno fastidio ma poi si ritroverebbero in mezzo a una strada. Spero, invece, che con la pazienza e con l'amore, fosse anche fra dieci anni, si convertano.

Sempre a proposito di questi elementi perturbatori, una volta un monaco anziano gli chiese di essere più severo e di pensare seriamente ad espellerli. Anba Epiphanius si fece serio in volto e gli disse:

> Io sono un padre, non un direttore generale. La notte io non dormo pensando e pregando per la loro salvezza.

Anba Epiphanius è stato l'uomo dell'"orcio", l'uomo della misericordia, del perdono, dell'amore che genera, che attende, il discepolo fedele di San Macario e di padre Matta el Meskin. Molti suoi figli spirituali hanno testimoniato l'amore che hanno provato davanti a questo vescovo e padre spirituale che ha combattuto fino all'ultimo respiro per rimanere un monaco autentico, fedele alla sua vocazione, un amore che è stato di una purezza, di una semplicità, di un'armonia tale che fa loro dire che tutto ciò sarà l'aria che respireremo nel Regno dei Cieli.

- *Monaco* in fieri

Anba Epiphanius si riteneva come Macario un monaco *in fieri*, ancora in cammino. Leggiamo nella Grande Lettera di Macario:

> Benché onorati da Dio, si ritengono indegni, e pur trovandosi a progredire spiritualmente sono ai loro occhi come principianti, e pur essendo grandi disprezzano se stessi e si

ritengono un nulla [...] Tali anime potranno piacere a Dio e divenire eredi del Regno e, avendo cuore contrito, essendo povere in spirito e sempre affamate e assetate della giustizia e agognando agli onori perfetti, per la loro insigne carità verso Dio saranno ricompensati con doni insigni[54].

C'è un'altra storia su Macario che anba Epiphanius amava. Tentato per cinque anni dal pensiero di inoltrarsi nel deserto interiore per vedere chi vi abitasse, abba Macario capì che il pensiero veniva da Dio. Andato nel deserto interiore, trovò due monaci nudi che vivevano in una rinuncia totale del mondo e in un'ascesi severissima. San Macario fu talmente colpito dall'incontro con questi due anacoreti che, quando narrò l'episodio ai fratelli, introdusse e concluse il racconto con la frase:

Non sono ancora diventato un monaco ma ho visto dei monaci[55].

Anba Epiphanius ripeteva sovente questa frase che indicava il suo sentirsi in cammino, soprattutto quando incontrava altri monaci. C'era certamente di che meravigliarsi: come poteva un vescovo come anba Epiphanius, un padre di monaci, superiore di uno dei più antichi monasteri della cristianità, dire una frase del genere? La frase destava tanto più stupore in considerazione del fatto che molti lo vedevano come un modello limpido di ciò che significa essere monaci.

---

[54] Macario il Grande, *La grande lettera*, 5. Cf. Pseudo-Macario, *La grande lettera*, a cura di Maria Benedetta Artioli, Gribaudi, Torino 1989, p. 62.

[55] Apoftegma n. 37 in Anba Epiphanius (ed.), *Bustān al-ruhbān*, pp. 28-29. Cf. *Alfabetica*, Macario 2 (cf. ed. it., p. 304).

- Uomo escatologico

La vita bohairica di San Macario dice:

> Pensava, come era sua abitudine, alla sua partenza e al suo in-
> contro con Dio, alla sentenza che sarebbe stata proclamata per
> lui in quel momento[56].

Macario era tutto proiettato verso la vera patria che è nei
cieli, la Gerusalemme celeste. Questo era il suo segreto che
orientava la sua vita terrena e questo era anche il segreto di
anba Epiphanius. Egli viveva immerso in un'"escatologia
del quotidiano". Ogni suo pensiero, ogni sua azione, ogni
suo desiderio era orientato verso il Signore che viene, verso
il momento dell'incontro terribile e beato con il volto luminoso del Cristo risorto. Più di una volta lo abbiamo sentito
dire: "Quando lo [Gesù Cristo] vedrò faccia a faccia, che
cosa gli dirò?". Bastavano queste parole a trasmettere un insegnamento e a mettere sull'attenti i suoi figli spirituali.

Anche padre Matta el Meskin viveva in questo modo. In
una delle omelie di anba Epiphanius egli offriva a una folla
di fedeli riunitisi per il decimo anniversario della dipartita
di padre Matta el Meskin, il 10 giugno del 2016, che cadde il
giorno dopo la festa dell'Ascensione, questa tensione escatologica con la quale viveva padre Matta. Anba Epiphanius,
dall'ambone della chiesa di San Macario, citò un lungo passaggio del suo padre spirituale:

> Il vero monaco è colui che vive continuamente la festa
> dell'Ascensione, a cui basta, tutti i suoi giorni, ciò che è in

---

[56] *Vita bohairica di San Macario*, XLI,17. Cf. *Vie de S. Macaire
l'égyptien*, a cura di Satoshi Toda, Gorgias Press, Piscataway, NJ 2011, p.
472.

alto, lo Spirito e la Verità. Sulla terra non teme nulla: né tribolazione, né angoscia, né persecuzione, né fame, né nudità, né pericolo, né spada (cf. Rm 8,35). Sulla terra non desidera nulla (cf. Sal 73,25): né onore, né amicizie particolari, né supremazia, né potere, né lode, né nomi, né immagine, né titoli. Egli, infatti, si alimenta misteriosamente di ciò che sta sopra: al cibo della Verità e alla bevanda dell'amore. Tutti coloro che si nutrono di queste due cose dimenticano ciò che appartiene a questo mondo, dimenticano la famiglia, la patria, e perfino loro stessi. Ogni persona in Cristo desidera la vita del mondo che verrà, secondo le parole del Credo. Il monaco, invece, fratelli, la vive già poiché è morto a questo mondo passeggero. L'Ascensione non è soltanto la festa di noi monaci. Essa è la nostra opera quotidiana nei confronti di questo mondo. Essa è l'unica vita che ci rimane[57].

Può sembrare all'apparenza insignificante, ma rientra in questo suo essere immerso in Cristo e nell'ottavo giorno inaugurato dalla sua Resurrezione, il fatto che anba Epiphanius non festeggiasse il compleanno. A chi gli faceva gli auguri, rispondeva sempre con la sua tipica gentilezza che "i monaci non festeggiano il compleanno". Un monaco una volta gli fece gli auguri e la sua risposta fu la seguente:

Grazie, ma per favore non farlo di nuovo! Credo che, invece dell'inizio della nostra esistenza nella carne, sia più bello celebrare la festa della nostra esistenza e del nostro essere in Cristo, mistero che si ripete ogni giorno e in ogni momento, spesso senza che ce ne accorgiamo. Come facciamo ad accettare auguri e regali per un giorno terreno quando ormai, in

[57] Matta el Meskin, "Ṣuʿūd al-masīḥ" (L'ascensione di Cristo), in Id., al-Qiyāma wa-l-ṣuʿūd (Risurrezione e ascensione), Monastero di San Macario, Wādī al-Naṭrūn 2000³, p. 380.

Cristo, la nostra vita si è elevata al di là del tempo e dello spazio?

- Delicatezza

Vogliamo offrire un ultimo tratto di anba Epiphanius che sembra ispirato – ebbene sì, ancora! – da una bella storia attribuita a San Macario.

> Il padre Pietro raccontò che san Macario, recatosi un giorno da un anacoreta e trovatolo malato, gli chiese: "Che vuoi da mangiare?", perché nella cella non c'era niente. E poiché egli disse: "Un pasticcino", quel forte non esitò ad andare a prenderlo fino ad Alessandria e lo portò al malato. E questo fatto meraviglioso rimase ignoto a tutti[58].

Due appunti preliminari. Innanzitutto, l'episodio fu certamente meraviglioso, straordinario: "l'" abba del deserto, il padre di Scete (e non "un" abba), va fino ad Alessandria per prendere a un anacoreta un pasticcino, anzi proprio quel pasticcino che a lui piaceva. Inoltre, il detto definisce Macario, per il semplice fatto di aver compiuto quel gesto, "quel forte". "Forte", qui, è certamente da intendere come "forte nell'amore", in possesso di un amore tanto grande da spingerlo a fare un viaggio di una giornata e più per accontentare il fratello. Lo scopo sembra evidente: Macario teneva alla gioia degli altri, e non si lasciò sfuggire quest'occasione per far gioire il fratello malato, lui, Macario, che quando gli offrivano un bicchiere di vino, si privava dell'acqua per un giorno intero![59] Il fatto che questo

---

[58] *Alfabetica*, Macario 8 (cf. ed. it., p. 308).
[59] "Raccontavano che il padre Macario, quando si ricreava con i fratelli, si era imposto una regola: se vi era del vino, lo beveva per riguardo

59

episodio "rimase ignoto a tutti" è, ovviamente, meno evidente, dal momento che tutto il mondo ora lo conosce. Forse bisogna leggere tra le righe e intendere che Macario compì altri gesti simili di cui, però, non sappiamo nulla.

Anba Epiphanius aveva questa stessa delicatezza di Macario. Cercava di non lasciarsi sfuggire occasione per dare gioia ai fratelli con piccoli gesti. Una volta, era in partenza per l'estero per un impegno ecclesiale. Chiamò un fratello per comunicarglielo e poi gli disse: "Ti serve qualcosa da lì?". Il fratello, imbarazzato che l'abate si interessasse così a lui, disse timidamente: "Ma padre, lasci stare, non si affatichi così per me. Avrà talmente tante cose da fare che io sono l'ultima cosa a cui pensare!". Anba Epiphanius insistette: "Tu non ti preoccupare. Dimmi solo che cosa ti posso portare". Al che il fratello rispose: "Padre, se proprio ci tiene, ci sarebbe quel tal caffè. Non costa molto, e lo trova nei supermercati, così non deve perdere tempo andando in giro". Il fratello non pensava che fosse possibile acquistarlo anche in Egitto. Anba Epiphanius scoppiò a ridere, forse perché si attendeva una cosa molto più complicata e più ingombrante di una confezione di caffè. "Ma intendi quel caffè? Proprio quello?". Imbarazzato per la risata che sembrava all'apparenza sminuire la richiesta, il monaco rispose imbarazzato: "Sì, ma solo se è possibile". Anba Epiphanius

---

ai fratelli, e, per un bicchiere di vino, stava un giorno senza bere acqua. Se i fratelli glielo davano per ristorarlo, l'anziano lo accettava con gioia per potere poi macerarsi. Ma il discepolo, che lo sapeva, disse ai fratelli: 'In nome del Signore, non dateglielo, altrimenti nella sua cella si punirà!'. Appreso questo, i fratelli non gliene offrirono più" (*Alfabetica*, Macario 10; cf. ed. it., p. 309).

rispose che avrebbe fatto il possibile per prendere il caffè, e salutò. Due ore dopo, qualcuno bussò alla porta della cella del monaco. Quest'ultimo aprì e non trovò nessuno. C'era soltanto una busta appesa alla maniglia. Dentro vi trovò proprio quel caffè che aveva chiesto, in grandi quantità.

5. Gli insegnamenti monastici sui quali insisteva.

Come si è visto, anba Epiphanius è stato un fedele discepolo dei Padri del deserto e di padre Matta el Meskin. Ai primi dedicò buona parte della sua attività scientifica e spirituale. L'edizione del *Bustān al-ruhbān*, la collezione copto-araba degli apoftegmi dei Padri del deserto, che egli portò a termine nel 2013 dopo anni di lavoro, lo fece immergere totalmente nella spiritualità del deserto e gli permise la memorizzazione di un grandissimo numero di apoftegmi. Egli considerava la tradizione degli apoftegmi come la fonte più importante dell'insegnamento monastico e della tradizione scetiota in particolare. Ogniqualvolta era necessario meditare su un tema monastico, i primi testi ai quali ricorreva anba Epiphanius erano sempre rappresentati dalle collezioni degli apoftegmi. Solo in secondo luogo si rivolgeva alla letteratura secondaria. Ciò gli permetteva di osservare meglio le questioni perché per lui era come salire sulle spalle di giganti che avevano già affrontato tutti i principali problemi legati alla vita monastica. I detti dei Padri ci parlano di monaci con i loro pregi e difetti, con i loro successi e insuccessi. Ed è questo che dovrebbe incoraggiare il monaco di oggi a perseverare nella sua lotta spirituale.

In un brano che avrebbe dovuto essere pubblicato nell'introduzione all'edizione che anba Epiphanius ha curato del *Bustān al-ruhbān*, scriveva a questo proposito:

Le vite e i detti dei Padri del deserto ci dipingono un'immagine reale di una vita vissuta, ricca, sì, di vittorie, ma nella quale non mancano gli insuccessi. Se ci troviamo davanti ad alti livelli di spiritualità e di mortificazione dell'ego, è perché il monaco si è sottomesso totalmente all'opera della grazia nel proprio cuore, restando vigile, vegliando e combattendo per lunghi anni. Se, invece, ci troviamo davanti a storie che raccontano di cadute e di peccati, è perché il monaco è un uomo che combatte in un'arena e, durante la lotta, può rimanere ferito ed essere persino ucciso. Ma alla fine riceverà comunque la corona, a patto che non getti la spugna e non abbandoni la speranza nel Signore Gesù[60].

È dunque impossibile comprendere a fondo l'insegnamento monastico di anba Epiphanius senza aver letto almeno una volta una o più collezioni degli apoftegmi.

In secondo luogo, è altrettanto impossibile penetrare la visione monastica del nostro abate senza conoscere l'eredità monastica di padre Matta[61]. Anba Epiphanius rielabora in maniera originale molti punti trattati da padre Matta e insiste su alcuni altri che ritiene più urgenti nella sua epoca. È bene ricordarsi che l'epoca in cui padre Matta scriveva di

---

[60] Tratto dalla registrazione di una conferenza di anba Epiphanius del 12 gennaio 2014.

[61] Per avere uno sguardo generale sugli insegnamenti monastici di padre Matta si consiglia, in inglese, Matthew the Poor, *Sojourners: Monastic Letters and Spiritual Teachings from the Desert*, St Macarius Press, Wādī al-Naṭrūn 2019. In italiano si consiglia Matta el Meskin, "Rinnegare se stessi", in Id., *Comunione nell'amore*, Qiqajon, Magnano 1999, pp. 147-161 e Wadid el Makari, "Matta el Meskin e la vita monastica", in *Matta el Meskin: un padre del deserto contemporaneo*, a cura di Guido Dotti e Markos el Makari, Qiqajon, Magnano 2017, pp. 115-128.

monachesimo può essere considerata un periodo, tutto sommato, focalizzato su un monachesimo senza secondi fini, in cui il senso comunitario era molto forte. Chi non si sentiva chiamato a questo tipo di monachesimo, cercava altre vie, cambiando monastero, andando a servire nel mondo da prete o ritornando nel mondo da laico.

Anba Epiphanius ha vissuto un'epoca di grandi stravolgimenti nella quale la visione monastica di San Macario stava per essere spazzata via. Diventato vescovo, dunque, si è preoccupato di sanare queste ferite, la principale delle quali, era, probabilmente, la perdita del senso della comunione con un conseguente pericoloso "individualismo monastico"[62].

- Chi è il monaco?

Per anba Epiphanius il monaco è una persona che, avendo abbandonato il mondo, ovvero la famiglia, la professione e la vanità del mondo, cerca intensamente di vivere una relazione d'amore con il Cristo e di unirsi a lui mediante la preghiera continua, l'Eucarestia, la meditazione della Scrittura, il lavoro, l'ascesi, il servizio ai fratelli. Con un rito liturgico simile al funerale, egli muore al mondo, per risorgere a nuova vita con Cristo. Cambia perfino il proprio nome e cognome[63].

---

[62] Cf. Anba Epiphanius, *al-Aḫṭār allatī ta'tariḍ al-šarika al-rahbāniyya wa-kayfiyyat muwāğāhatihā* (I pericoli che ostacolano la comunione monastica e come affrontarli), paper presentato al Seminario sul monachesimo organizzato dal Patriarcato copto ortodosso il 30 gennaio 2015.

[63] Ogni monaco riceve dall'abate, al momento dell'ordinazione, un nuovo nome, e assume, come cognome, l'appartenenza al proprio

Egli cerca di vivere costantemente una vita di conversione, da straniero e pellegrino sulla terra (cf. Eb 11,13), tenendo lo sguardo fisso sulla Gerusalemme celeste (cf. Lc 9,51)[64]. Innalzando costantemente se stesso verso Dio, porta con sé l'intera umanità con la quale è unito intimamente, pur essendosi separato da tutti.

Un monaco non può vivere la sua vocazione senza creare una relazione intima con Cristo. Senza di essa, il monaco è destinato a smarrirsi. Scriveva anba Epiphanius:

> Il primo comando di Dio ad Abramo, padre dei patriarchi, fu "vattene dalla tua terra e dalla tua parentela" (Gn 12,1). Seguendo questo esempio, Sant'Antonio uscì dalla sua casa e dal suo parentado. Uscì dalla compagnia degli amici, dai legami familiari, dai rapporti di vicinato e dalle relazioni mondane, per dedicarsi totalmente a una relazione personale con il Signore Gesù [...] Uscire dalla propria terra e dalla propria parentela non comporta alcun tipo di disprezzo per gli altri [...] Qui ciò che si intende è l'abbandono di tutti quei rapporti che riconducono il monaco nuovamente a interessarsi del mondo e lo allontanano dalla sua unica (pre)occupazione [65], ovvero dalla sua relazione personale

---

monastero. Tutti i monaci di San Macario fanno di cognome al-Maqārī, ovvero "il macariano".

[64] È interessante che nella Chiesa copta questa pericope si legga, tra l'altro, durante la vigilia dell'Ascensione. Nell'esegesi che ne fa la Chiesa, Cristo si prepara ad ascendere verso la Gerusalemme vera, quella celeste, dalla quale è disceso.

[65] In arabo *hammuhu al-waḥīd*. Non è facile da rendere in italiano. Il termine porta in sé la preoccupazione, la cura, la sollecitudine, l'occupazione, l'interesse, l'importanza, l'intenzione, il proposito, l'idea fissa.

con il Signore Gesù Cristo[66].

"Il monaco", ha detto una volta a un fratello che glielo chiedeva "è colui che dimentica se stesso per unirsi con Cristo. Bisogna dimenticarsi di se stessi per cercare l'unione con l'Altro". Il carburante del monaco che gli permette di camminare, anzi di correre, sulla via monastica è l'amore di Dio per lui che permette al monaco di amare, a sua volta, Dio e i fratelli[67]:

> La cosa più pericolosa è entrare in monastero senza amore e non cercare di far crescere questa virtù. È l'amore che mi dirà come comportarmi, in ogni situazione, con i miei fratelli, con il mio padre confessore e con i dipendenti del monastero. È l'amore a governare tutti i miei comportamenti. Ovviamente anche il mio rapporto con il Signore[68].

L'ascesi del monaco è dunque subordinata a quest'amore e a quest'unione con Dio. Non rappresenta il fine dell'azione monastica, ma uno strumento, certamente importante, mediante il quale tenere accesa la fiamma dell'amore divino.

Non solo l'ascesi, ma tutto ciò che fa il monaco deve avere come causa e fine questa unione con il Cristo: la preghiera, il lavoro, il digiuno, il servizio ai fratelli. Lo scopo ultimo del monaco è prepararsi alla morte e all'incontro con Colui che lo ha amato e che lui ha amato per tutta la vita.

---

[66] Anba Epiphanius, "Uḫruǧ min ʿašīratika" (Esci dalla tua parentela), *al-Kirāza* (rivista ufficiale del Patriarcato copto ortodosso), anno 46, n. 3-4, del 26 gennaio 2018, p. 14.

[67] Cf. *infra*, pp. 200-201.

[68] Cf. *infra*, pp. 118.

A un novizio che gli chiedeva di sintetizzare in poche parole il monachesimo anba Epiphanius rispose:

> Il monachesimo è la via più facile per unirsi a Dio. Ricordate Serafino di Sarov e il suo dialogo con Motovilov[69]? Il monaco che percorre seriamente la sua via riesce a sperimentare cose simili a quelle vissute da Serafino. Sperimenta la forza e la dolcezza dello Spirito Santo. È vero, anche nel mondo c'è santità, nel mondo ci sono grandi santi. Ma per me il monachesimo rappresenta una via per la santità più spianata. In monastero tutto aiuta il monaco a unirsi a Dio. Quest'unione a Dio può esplicitarsi anche solo dopo un anno, mentre si è ancora novizi. Oppure, esistono persone che vivono da cinquant'anni in monastero e che non l'hanno mai sperimentata o provata. Ciò che importa è che dobbiamo essere molto concentrati sullo scopo per cui ci siamo fatti monaci e lasciare il resto nelle mani del Signore.

Nel percorrere questa via il monaco deve armarsi di pazienza e sopportazione per affrontare la guerra dei demòni e delle passioni che si concretizza soprattutto, ma non solo, sotto forma di pensieri e di dubbi, in particolare a riguardo dell'amore fraterno, l'ingiustizia, l'insulto, il disprezzo e le tentazioni quotidiane. È per questo che anba Epiphanius usava, per definire il monaco, un apoftegma in cui si racconta dell'incontro tra Mosè l'etiope e Zaccaria.

> Zaccaria, preso il suo cappuccio, se lo mise sotto i piedi e lo schiacciò. Poi lo raccolse e se lo rimise in testa dicendo: "Se il

---

[69] Una versione italiana incompleta del dialogo si trova in Irina Gorainoff, *Serafino di Sarov*, Gribaudi, Torino 1981, pp. 155-185.

monaco non diventa così stritolato[70] non si salva"[71].

Questo accettare di essere stritolato indica, da un lato, l'accettazione delle ferite della lotta quotidiana che il monaco deve affrontare. Dall'altro, anba Epiphanius legge questo essere stritolato come la fatica quotidiana dell'obbedienza che significa rinunciare alla propria volontà per accettare quella di un altro, anche quando appare come meno adatta o addirittura sbagliata. In concreto, significa soprattutto sopportare il fatto che il proprio pensiero e la propria opinione, anche se giusti, vengano ignorati, derisi, disprezzati. In entrambi i casi, che sia accettare di essere ferito nella battaglia o di obbedire, essere stritolati significa accettare di morire a se stesso. È allora che inizia la salvezza del monaco[72].

Un ultimo elemento su cui insisteva anba Epiphanius: non esiste un monaco a metà.

In questi anni ho notato che nella vita monastica esiste una

---

[70] In arabo il termine *munsaḥiq*, usato qui, può significare sia "stritolato", "schiacciato" che "contrito".

[71] Apoftegma n. 196 del *Bustān* (p. 101).

[72] Con il termine "salvezza", nella spiritualità monastica del deserto, si intende certamente salvezza escatologica, in vista della quale una persona si fa monaco. Ma si intende anche la riuscita, con l'aiuto di Dio, nella lotta spirituale contro le passioni e la "volontà propria" che abitano il monaco mediante la mortificazione di se stesso per vivere in Dio. Quando dunque si sente dire nel deserto "pensa alla tua salvezza", questo non intende essere un invito a un egoismo spirituale, come potrebbe sembrare all'apparenza. Significa, invece, da un lato "pensa alle tue lotte personali" (ed è sottinteso: "non giudicare gli altri"), da un altro "pensa allo scopo ultimo del tuo esser diventato monaco" (ovvero la salvezza escatologica).

sola via, non due: o si è monaci o non si è niente. Ed è impossibile essere entrambe le cose[73].

Questo non significa, ovviamente, che il monaco che non è monaco non possa trasformarsi e diventarlo. Allo stesso tempo, non significa che chi vive seriamente non abbia momenti di caduta, di sconforto, di dubbio, di rilassatezza. Probabilmente quello che intende anba Epiphanius è che è facile smarrire totalmente la via e ritornare nel mondo pur vivendo in monastero. È per questo che la lotta monastica si basa, oltre che sull'amore di Dio, sulla chiarezza dello scopo.

- Chiarezza dello scopo

Anba Epiphanius ricordò ad alcuni novizi, pochi giorni prima della loro ordinazione, l'importanza di avere chiaro lo scopo della propria "uscita" dal mondo. Nel fare ciò citò la storia di abba Arsenio il Grande il quale individuava nel ricordare lo scopo per cui il monaco ha scelto di entrare in monastero la chiave per proseguire sulla via monastica.

> Sulla sua bocca c'era sempre stata questa parola: "Arsenio, a che scopo sei uscito dal mondo?"[74]

A giudicare dai detti, abba Arsenio, trovandosi a dubitare della sua salvezza in un luogo peccaminoso e pieno di vanità come poteva essere la corte di Costantinopoli, cercava la via della salvezza e la possibilità di non peccare[75]. Se la spinta iniziale - cercare la pace in Dio rifuggendo la vanità di corte – fu talmente forte da portarlo nel deserto egiziano,

---

[73] Cf. *infra*, p. 181.

[74] *Alfabetica*, Arsenio 40 (cf. ed. it, p. 107).

[75] Cf. *Alfabetica*, Arsenio 1 e 2 (cf. ed. it, pp. 94-95).

aspro e duro, non meno forte fu l'obiettivo finale per cui Arsenio combatté da monaco. In un detto leggiamo infatti:

In punto di morte, i fratelli lo videro piangere e gli dissero: "Davvero anche tu hai timore, padre?". Disse loro: "In verità il timore che provo adesso in quest'ora mi ha sempre accompagnato da quando sono monaco". E così si addormentò[76].

Dunque la "chiarezza dello scopo" può indicare al contempo la motivazione alla base della scelta di entrare in monastero che può avere la sua spinta positiva (salvarsi) e negativa (allontanarsi da un luogo di perdizione come la corte), ma anche la meta finale per cui si vive la vita monastica.

Anba Epiphanius dava allo "scopo/motivo per cui si esce" una grande importanza e lo riteneva il secondo carburante a cui il monaco può attingere per perseverare nella vita monastica, dopo l'amore di Dio, di cui si è parlato sopra. Per lui è meglio non intraprendere per nulla la via monastica se lo scopo non è "retto". Uno scopo non retto, per lui, indicava essere usciti dal mondo per motivi sostanzialmente negativi (problemi finanziari, cattive relazioni familiari, impossibilità di sposarsi ecc.), oppure il voler cercare altro dal Signore soltanto in una vita quotidiana di preghiera, lavoro e comunione fraterna. "Altro" significa voler diventare prete, diventare vescovo, fare apostolato, mettersi in mostra, raccogliere soldi ecc. I due aspetti, spinta negativa e fini secondari, possono, ovviamente, coesistere.

L'orizzonte del monaco deve essere il "monachesimo per sé", non nel senso di un esercizio spirituale solipsistico in

---

[76] *Alfabetica*, Arsenio 40 (cf. ed. it, p. 108).

cui il monachesimo stesso diventa lo scopo della vita, dal momento che il centro del monachesimo resta il Cristo; ma nel senso di non ricercare altrove strade alternative, respingendo la grande tentazione del potere, in qualsiasi forma esso possa presentarsi, accettando di vivere nello spazio claustrale come stadio quotidiano nel quale crescere nell'amore di Dio e in quello dei fratelli, ed esercitandosi alla morte dell'ego. Basta poco tempo per capire se la spinta alla base dell'"uscita abramitica" abbia o meno questi requisiti di chiarezza e purezza. Se l'"uscita" è "scorretta" il monaco inizia a poco a poco a non rispettare più la propria regola di preghiera, a non fare più il suo dovere monastico, a non lavorare più, eccetera.

Detto altrimenti, che cosa si deve intendere per "scopo retto"? Anba Epiphanius amava ricorrere all'immagine della lepre e dei cani che appare in un famoso apoftegma[77]. Solo il cane che ha visto davvero la lepre riesce a correre fino alla fine per afferrare la lepre, e si disinteressa delle ferite che subisce correndo. Anba Epiphanius ne fece questa esegesi: il monaco che non ha trovato la Perla preziosa, il Cristo, che non ha sentito battere il cuore per lui, che nella sua vita non ha avuto un'esperienza forte della grazia, che non ha almeno intravisto, ma chiaramente, la gloria, la pace e la gioia del Regno dei cieli, che non è disposto a puntare tutta la sua esistenza sulla vita eterna, difficilmente continuerà a correre nel presente[78]. L'"uscita", dunque, che bisogna ricordare,

---

[77] Cf. *Paradiso*, libro 2, detto n. 212, p. 199. Cf. anche la versione abbreviata in *Sistematica*, VII, 42 (cf. ed. it., p. 241). A p. 181 riportiamo il detto per intero.

[78] Da un colloquio personale.

oltre ad essere quella dal mondo, è anche quella dalla carne, ovvero il momento del passaggio all'altra vita.

Scriveva a un monaco:

> Chi ha uno scopo retto si distingue da chi non lo ha da come considera "la via che porta al Regno": per il primo, che la rispetta, essa è una via santa, gioiosissima e facilissima; per il secondo, che la disprezza, essa è difficilissima ed estremamente noiosa[79].

- L'ostacolo del sacerdozio

Anba Epiphanius era convinto che la cosa che più di tutte ha rovinato il monachesimo nella Chiesa copta è stata l'introduzione massiccia del sacerdozio nei monasteri. Ovviamente non è il sacerdozio in sé a essere sbagliato, ma la sua correlazione deviata con il monachesimo. Qui non c'è spazio per spiegare le motivazioni e le tappe di questa evoluzione (o meglio involuzione) del monachesimo copto, tutto sommato relativamente recente. Il risultato, tuttavia, è del tutto negativo.

Innanzitutto, il monachesimo delle origini non conosceva il sacerdozio in questa forma. Antonio e Pacomio non erano sacerdoti, e di Macario, pur essendo presbitero, non abbiamo alcuna eco che celebrò mai a Scete. A Scete per molti anni ci fu un solo ieromonaco (ovvero monaco prete) principale per una comunità che contava migliaia di monaci. Nel IV e nel V secolo i presbiteri principali furono Isidoro, Pafnuzio, Giovanni Kolobós e Daniele[80]. Padre

---

[79] Da una corrispondenza privata, 21 aprile 2016.

[80] A questi presbiteri principali probabilmente si affiancava un numero non precisato di "chierici" (cf. *Alfabetica*, Mosè 5) composti sia

Matta el Meskin, che propugnò per tutta la vita un monachesimo senza sacerdozio, rinunciò anch'egli a celebrare, pur essendo *qummuṣ*[81].

Inoltre, per anba Epiphanius monachesimo e sacerdozio sono due vocazioni sostanzialmente in contrasto perché se il monachesimo si basa tutto sull'acquisizione dell'umiltà, il sacerdozio imprime a questo abbassamento volontario una forza contraria verso l'alto. Il prete si sente padre, guida, e dunque pretende di presiedere la liturgia comunitaria e di celebrare liturgie speciali per gli ospiti che vengono in monastero. Il monaco prete rischia, così, di abbandonare la via del rinnegamento di sé, cercando un riconoscimento mondano. In questo senso, anba Epiphanius faceva suo l'antico timore di Pacomio:

> Non è bene cercare potere e gloria, tanto più in una comunità, affinché ciò non diventi motivo di discordia, di gelosia e di rivalità in mezzo a un gran numero di monaci, e alla fine ne nascano divisioni. Come, infatti, una favilla di fuoco, pur minuscola all'inizio, se cade sull'aia e non viene spenta in gran fretta, distrugge le fatiche dell'intero anno, così la condizione clericale fa sorgere il pensiero dell'amore del potere[82].

---

da altri presbiteri coadiuvanti che da diaconi. In ogni caso, il numero totale di presbiteri che celebravano l'eucarestia corrispondeva al minimo indispensabile.

[81] La parola deriva dal greco *ēgúmenos*. Tuttavia, perlomeno in epoca moderna, essa non indica il superiore di un monastero, come è il caso nella tradizione bizantina. Si tratta semplicemente di un titolo onorifico concesso ai presbiteri dopo molti anni di servizio. Anche i preti uxorati possono portare il titolo di *qummuṣ*.

[82] *Vita greca di Pacomio*, 27. Cf. *Pacomio, servo di Dio e degli uomini*, a cura di Luigi D'Ayala-Valva, Qiqajon, Magnano 2016, p. 165.

L'altro problema legato al sacerdozio monastico è che esso suscita gelosie tra i monaci. Queste gelosie sono talmente forti da obbligare gli abati a ordinare tutti i monaci delle loro comunità. I giovani monaci scalpitano per diventare preti e questo crea tensioni forti. Nella comunità si insinua, dunque, un elemento di disuguaglianza che impedisce ai monaci di essere tutti fratelli alla pari, senza discriminazioni né differenze tra uno e l'altro.

L'ultima, ma non meno importante, ferita causata dal sacerdozio monastico è la minaccia alla comunione eucaristica. Gli ieromonaci celebrano liturgie parallele a quelle comunitarie (da soli o con i propri ospiti) indebolendo così la forza unificatrice dell'unica liturgia eucaristica comunitaria settimanale.

Per anba Epiphanius era ovviamente impossibile fare del tutto a meno di monaci preti. Era necessario ordinare soltanto quel numero minimo di monaci necessario alle esigenze della comunità e al ricambio generazionale.

- L'importanza della comunione: chiesa e refettorio

La comunione stava molto a cuore ad anba Epiphanius. Ai tempi di abuna Matta la comunità era coesa grazie alla forza carismatica del padre spirituale che era capace di calamitare attorno a sé i fratelli e che rappresentava il centro che li teneva insieme. Quando padre Matta si è riposato nel Signore, la comunità è andata via via frammentandosi, perdendo quella forza centripeta iniziale. È per questo che anba Epiphanius insisteva, da una parte, sull'unica liturgia

---

Giovanni Cassiano inserisce questo discorso nel capitolo sulla "vanagloria" (Cf. *Id.*, *Istituzioni cenobitiche*, libro XI, cap. XIV).

comunitaria a cui tutti erano invitati a partecipare, dall'altra sulla funzione unificatrice del pasto dell'agàpe fraterno in refettorio. Il refettorio, per lui, come per la tradizione di Scete, rappresenta un'estensione dello spazio ecclesiale. È per questo che il refettorio è orientato a Est, come le chiese, e vi si entra in silenzio, mantenendo lo stesso spirito di preghiera che si ha in chiesa. Così come in chiesa non si discute di cose mondane, allo stesso modo non lo si fa in refettorio. Per anba Epiphanius il cibo consumato in refettorio rappresenta una parte integrante del mistero eucaristico dal momento che esso è "cibo santificato" sul quale si pronuncia una preghiera di ringraziamento. Cristo, d'altronde, ha istituito l'Eucarestia nel contesto di un pasto.

La forza unificatrice del refettorio consiste in una doppia comunione. Da un lato, con la bocca, si condivide un unico pasto su cui si è pregato insieme[83]. Dall'altro, con le orecchie e con il cuore, si condivide un'unica parola, i detti dei Padri del deserto, che riporta costantemente i monaci allo spirito delle origini.

- L'importanza del padre spirituale e il discernimento

Il monachesimo orientale non ha una regola su cui basarsi. Quando i monaci di San Macario chiesero a padre Matta el Meskin: "Qual è la nostra regola?", egli rispose: "Non esiste una regola nel monachesimo orientale. La nostra unica regola è l'amore". Dunque, nel monachesimo

---

[83] Prima di consumare l'agàpe, i monaci pregano insieme l'ora nona come è sempre stata consuetudine a Scete. Uno degli ieromonaci dona poi una lunga benedizione alla quale segue il Padre nostro recitato insieme. Alla fine del pasto v'è la benedizione finale sugli "avanzi".

copto esiste una grande libertà che è impensabile nei mona-
chesimi occidentali. Ma da dove trae il legame tra libertà e
amore padre Matta el Meskin? Dalla Lettera ai Galati, dal
momento che la libertà di cui parla padre Matta è libertà
evangelica. "Cristo ci ha liberati per la libertà", dice San
Paolo (Gal 5,1), e noi siamo stati chiamati a libertà (cf. Gal
5,13), ma questa libertà non deve divenire occasione per la
carne (cf. *Ibid.*). Al contrario deve essere occasione per
amare di più: "Mediante l'amore siate invece a servizio gli
uni degli altri" (cf. *Ibid.*).

Questa libertà non significa nemmeno che il monaco
non debba avere una guida. Due cose il monaco fa difficoltà
a discernere: l'ispirazione dello Spirito santo e le illusioni
personali. "Qui", dice padre Wadid el Macari, "emerge
l'importanza del padre spirituale nell'allenare il proprio discepolo ad acquisire discernimento e capacità di vagliare"[84].
Con il proprio padre spirituale il monaco può vivere a pieno
questa libertà cristiana evitando di sbandare. Compito del
padre spirituale è adattare la vita monastica a ognuno:
quanto e come digiunare, quanto e come pregare, come affrontare i problemi sul lavoro ecc. Sulla grande importanza
del rapporto tra padre spirituale e discernimento scriveva
anba Epiphanius:

> Il discernimento rende capace il padre spirituale di insegnare
> ai fratelli come comprendere e agire nel modo migliore di
> fronte alle prove a cui sono sottoposti. Ciò implica il fatto che
> il padre spirituale sia chiamato, mediante il discernimento, a
> indicare ai fratelli anche modalità di azione dannose o erronee
> [...] Non c'è dubbio che il discernimento implichi la capacità

---

[84] Wadid del Makari, "Matta el Meskin e la vita monastica", p. 124.

del padre spirituale di discernere le potenzialità spirituali delle persone e la modalità con cui relazionarsi, nel modo più consono, con le tentazioni a cui sono sottoposte [...] Nel dare una direzione è pericoloso che il padre spirituale la generalizzi. Bisogna, al contrario, che egli faccia uso del discernimento nel confrontarsi con le diverse esigenze e le potenzialità dei suoi discepoli[85].

Il rapporto libertà/amore emerge nuovamente quando si parla del padre spirituale. Per anba Epiphanius è necessario che il padre spirituale sia capace di grande amore perché i propri figli riescano a vivere pienamente nella libertà dello Spirito.

- Il più grande insegnamento

Infine, vorremmo sottolineare il più grande insegnamento di anba Epiphanius, che ingloba tutti gli altri: la sua coerenza. Tra quello che diceva e insegnava e la sua vita non vi era contraddizione. Ed era questo ciò che rendeva efficaci i suoi insegnamenti. Come scriveva Palladio, nelle prime pagine della *Storia Lausiaca*, in questa antica raccolta di storie dal deserto egiziano:

L'insegnamento non consiste nelle belle parole che talvolta si odono anche sulla bocca dei più sciocchi; ma nella dirittura del carattere, nella serenità, nell'intrepidezza, nel coraggio, nell'equanimità, nella parola sempre franca, che crea discorsi somiglianti a fiamme. Se questo non fosse vero, il grande Maestro non avrebbe detto ai suoi discepoli: "Imparate da me

---

[85] Epiphanius di San Macario, "Il discernimento nei Padri del deserto", in AA.VV., *Discernimento e vita cristiana*, Qiqajon, Magnano 2019, pp. 93-95.

che sono mite e umile di cuore" (Mt 11,29)[86].

Per questa sua coerenza anche i suoi detrattori lo rispettavano. Questa coerenza permetteva all'abate Epiphanius di insegnare per osmosi. Non c'era bisogno di tante parole, "contagiava" i suoi discepoli con la sua bellezza spirituale. "Bastava guardarlo", per parafrasare un detto dei Padri del deserto[87]. Questa è la forza dei santi. Essa deriva loro da Cristo stesso.

6. Due volte martire, due volte testimone.

La coerenza monastica, e diremmo semplicemente cristiana, di anba Epiphanius ne ha fatto un testimone credibile di Cristo, un testimone di eccezione. È stato, dunque, davvero un *martire*, nel senso etimologico greco del termine, che vuol dire appunto "testimone". È interessante allora notare che è con il termine "martirio" che la letteratura monastica spesso ci dipinge la lotta spirituale che i monaci vivono, una lotta pari, quando non addirittura superiore, a quella affrontata durante le persecuzioni dai martiri, qui nel senso specifico di cristiani uccisi per la fede. Nel *Bustān al-ruhbān*, un detto attribuito a Pacomio dice:

> Credi forse che il martirio consista soltanto nell'amputare o bruciare membra del corpo? No! Anche nella fatica dell'ascesi, nei colpi che provengono dai demoni e nelle malattie. Colui che sopporta tutto questo con rendimento di grazie, questo è il martire. Altrimenti che bisogno c'era che Paolo Apostolo scrivesse: "Io muoio ogni giorno" (1Cor

---

[86] *SL*, p. 36.
[87] Apoftegma n. 29 del *Bustān* (pp. 23-24). Cf. *Alfabetica*, Antonio 27 (cf. ed. it., p. 89).

15,31)? Egli non moriva effettivamente ogni giorno, ma sopportava pazientemente ciò che subiva[88].

Sant'Atanasio scriveva ai monaci:

> I martiri spesso sono giunti alla perfezione anche in un solo istante. Nella vita monastica, invece, attraverso le lotte, si subisce un martirio per Cristo ogni giorno, non con il sangue e la carne, ma si combatte contro i principati e le potestà, contro i dominatori di questo mondo di tenebra, contro gli spiriti del male, lottando fino all'ultimo respiro[89].

Ancora Sant'Atanasio, nel suo capolavoro sulla vita del padre dei monaci, Antonio, scriveva:

> Quando cessò la persecuzione e il beato vescovo Pietro subì il martirio, Antonio partì e si ritirò di nuovo nella sua dimora solitaria; stava là e viveva ogni giorno *il martirio della coscienza* e combatteva le battaglie della fede[90].

Se è vero che anba Epiphanius ha vissuto da vero monaco e, dunque, ha sperimentato appieno il martirio della coscienza, è anche vero che esso è stato coronato dal martirio supremo "con il sangue e la carne", facendolo conformare perfettamente al Cristo, anche nella morte.

È dunque stato doppiamente martire, doppiamente testimone, seguendo l'Agnello dovunque vada (cf. Ap 14,4), senza mai distogliere lo sguardo da lui. E, come l'Apostolo Pietro, "testimone delle sofferenze di Cristo", egli è stato

---

[88] Apoftegma n. 87 del *Bustān* (p. 56).

[89] Atanasio, *Ai monaci* (PG 28,1424C). Traduzione dal greco di Luigi d'Ayala-Valva.

[90] Atanasio, *Vita di Antonio* 47,1 (cf. Id., *Vita di Antonio*, a cura di Lisa Cremaschi, Paoline, Milano 2007, p. 135).

anche, già in vita, "partecipe della gloria che deve manifestarsi" (cf. 1Pt 5,1). Martirio e monachesimo, dunque, fanno tutt'uno, così come trasfigurazione e monachesimo. La vita dello *stauroforo/pneumatoforo* anba Epiphanius ce lo dimostra ampiamente. Questo doppio martirio luminoso non può restare senza frutti. "Arate e seminate molto sul mio corpo affinché io possa raccogliere tanta messe!"[91], diceva il martire Gordio. Sono parole non solo sue, ma di tutti i martiri, anche di anba Epiphanius. Anba Epiphanius ha vissuto amando i suoi nemici, facendosi arare e seminare il corpo dal peccato degli altri. Negli ultimi tempi le sue condizioni di salute erano andate peggiorando per il peso sempre crescente della responsabilità che gli era stata affidata. L'ultima piaga, una grave ulcera, come il sudore di Cristo nel Getsemani diventato gocce di sangue per la lotta in cui era entrato (cf. Lc 22,44), è stato l'epifenomeno della sua intensa lotta spirituale contro il male.

E il chicco di grano, caduto in terra sotto il peso della sua croce, è morto. Eppure quanta messe! Il raccolto di anba Epiphanius, quella purificazione della vita monastica da ogni mondanità, vanità e orgoglio che tanto aveva ricercato in vita, lo abbiamo iniziato a mettere insieme dopo la sua terribile morte, mediante l'intercessione del suo sangue innocente. E oggi percepiamo in monastero la sua protezione paterna e la sua opera di intercessione presso il Cristo, con la parresìa propria dei martiri. Le parole del vescovo martire Ignazio di Antiochia, allora, non solo si sposano

---

[91] Basilio di Cesarea, *I martiri*, Città Nuova, Roma 1999, p. 88.

perfettamente con quelle del martire Gordio or ora citate, ma ci sembra di sentirle sulle labbra del nostro abate:

Lasciate che sia pasto delle belve per mezzo delle quali mi è possibile raggiungere Dio. Sono frumento di Dio, macinato dai denti delle fiere per diventare pane puro di Cristo[92].

Questo seme di mitezza piantato a San Macario e irrigato da sangue innocente già dà frutto, questo frumento di Dio è ormai già pane fragrante.

E al Signore dei martiri gloria, onore, potenza e adorazione, al Padre, al Figlio e allo Spirito Santo, ora e sempre e nei secoli dei secoli. Amen.

Monaco Markos el Makari
Monastero di San Macario il Grande

6 bašans 1736 / 14 maggio 2020
Festa di San Macario Alessandrino

---

[92] Ignazio di Antiochia, *Lettera ai Romani*, IV. Cf. *I padri apostolici*, a cura di Antonio Quacquarelli, Città Nuova, Roma 1991[7], p. 123.

ABBREVIAZIONI

Alfabetica   *Vita e detti dei padri del deserto*, a cura di
Luciana Mortari, Città Nuova, Roma 1997.

Audiografia   Audiografia di padre Matta el Meskin: *al-
'Ab mattā al-miskīn 'ab al-barriyya al-
mu'aṣir* [edizione araba degli atti del convegno internazionale su Matta el Meskin te-
nutosi al Monastero di Bose, 21-22 maggio
2016], Monastero di San Macario, Wādī al-
Naṭrūn 2018, pp. 332-387.

Bustān   *Bustān al-Ruhbān* (Il Giardino dei monaci), a cura di anba Epiphanius, Monastero di San Macario il Grande, Wādī al-
Naṭrūn 2013.

Paradiso   *The Paradise of the Holy Fathers*
(collezione siriaca), II, a cura di Ernest A.
Wallis Budge, Chatto & Windus, Londra
1907.

N   *The Anonymous Sayings of the Desert Fathers: A Select Edition and Complete Eng-
lish Translation*, a cura di John Wortley,
Cambridge University Press, Cambridge
2013.

Sistematica   *Detti: collezione sistematica*, a cura di Luigi D'Ayala-Valva, Qiqajon, Magnano 2013.

SL   Palladio, *Storia Lausiaca*, a cura di Gottardo Gottardi, Cantagalli, Siena 1997.

Tafsiliyya   *Abūnā mattā al-miskīn: al-sīra al-tafṣīliyya*, a cura dei monaci di San Macario, Monastero di San Macario, Wādī al-Naṭrūn 2008

L'ARTE DELL'ESSERE MONACO[1]: COMMENTO ALL'ESORTAZIONE LETTA AL NOVIZIO QUANDO RICEVE LO SCHEMA MONASTICO

All'inizio della sua vita monastica, alla fine degli anni Quaranta del secolo scorso, padre Matta el Meskin sentì pronunciare quest'espressione da un monaco di quel tempo: "Il *kār* del monachesimo è un *kār* difficile!". *Kār* è una parola di origine persiana che significa "arte", "mestiere". Il monaco diceva sostanzialmente: "Il mestiere del monaco è cosa dura!".

Possiamo leggere quest'espressione in senso negativo come se il monachesimo non fosse altro che un "mestiere" come un altro. Una persona lascia il mondo e la professione che vi esercitava – medico, ingegnere, contadino, insegnante, avvocato o una qualsiasi altra professione, nobile o meno che fosse – e si fa monaco in alternativa alla sua professione di origine. In questo senso il monachesimo sarebbe sottoposto alle logiche e ai meccanismi di guadagno e di perdita tipici del mercato. Il monaco che vive il monachesimo in questo modo può ottenere grandi successi. Tuttavia, così facendo non riuscirebbe mai e poi mai a conoscere i segreti

---

[1] Conferenza monastica tenutasi il 15 aprile 2015 alla presenza dei neomonaci consacrati il giorno di Sabato della Luce (Sabato Santo), 11 aprile 2015, nella sala dei novizi nel Monastero di San Macario.

della vita monastica che Dio rivela soltanto alle sue persone fidate e a coloro che egli ama: "Il segreto del Signore è per chi lo teme, la sua alleanza per istruirli" (Sal 25,14)[2].

Possiamo, invece, leggere questa massima positivamente. Ciò significa che il monachesimo è un'arte, e come tale necessita degli stessi elementi costitutivi di ogni altra arte:

- presenza di un maestro esperto che tramandi l'arte al principiante;

- obbedienza da parte del principiante rispetto a tutto ciò che gli viene tramandato dal proprio maestro;

- presenza di strumenti, meccanismi e risorse che permettono alla persona di riuscire in quest'arte.

Negli scritti dei Padri del monachesimo, noti come i detti degli anziani, o il Giardino dei Monaci[3], leggiamo:

Disse un fratello: "Ho detto ad abba Pafnuzio, discepolo di abba Macario il Grande: 'Padre mio, dimmi una parola affinché io viva per essa'. Ed egli mi rispose: 'Custodisci il canale che scorre verso la tua coltivazione'. Allora gli ho risposto: 'Che cosa significa?'. Mi disse: 'Il canale è la tua bocca. Se non la custodisci, la tua anima non porterà frutto'. Gli dissi: 'Come posso custodirla?'. Disse: 'Se non abiti con un contadino come fai a sapere come si ara, come si semina, come si conserva, come si annaffia, come si raccoglie e tutte le altre cose di cui si occupa l'arte agricola?'. Gli dissi: 'E questo cosa

---

[2] Seguiamo la traduzione araba Van Dyck, citata da Anba Epiphanius.

[3] Il *Bustān al-ruhbān* (Il Giardino dei Monaci) rappresenta la collezione copto-araba degli *Apophtegmata Patrum*, i detti dei Padri del deserto. Viene letto quotidianamente nel refettorio del Monastero di San Macario durante il pranzo.

significa?'. Disse: 'Se non abiti con un anziano esperto che ti insegni il monachesimo, come fai a impararlo? Se ti sposti da un luogo all'altro, se ti isoli da solo, se diventi padre prima che Dio te ne renda degno, vivrai tutto il tuo tempo senza sapere come raccogliere i frutti della virtù. Anzi, sciuperai la coltivazione, la quale rappresenta l'insegnamento della via di Dio. Devi abitare con un anziano affinché tu ottenga da lui l'ultima benedizione, come Eliseo che ha perseverato con Elia fino a che quest'ultimo non è stato elevato in cielo. Quando lo ha benedetto, il suo spirito è abbondato su di lui. O come i due discepoli di Antonio che abitarono con l'anziano fino a che non gettò via il corpo[4] benedicendoli con l'ultima benedizione. Allora lo Spirito di Dio discese su loro due e divennero due buoni pastori. O ancora come Giovanni [Kolobós] che visse con Amoe suo padre fino a che abbandonò il suo corpo e lo consegnò agli anziani dicendo: 'Questo è un angelo e non un uomo!'. O ancora come Giovanni, discepolo di abba Paolo, che obbedì a suo padre e gli portò una iena legata. Oppure ancora come un altro discepolo di un anziano che camminava con un eremita fino a che giunsero sulla sponda di un fiume in cui vi erano dei coccodrilli. Il discepolo obbediente passò in mezzo a essi mentre l'eremita non riuscì a passare, tanto che gli anziani di quel tempo dissero: 'Il discepolo obbediente con la sua obbedienza si è innalzato più dell'eremita'" [...][5].

Il *Bustān al-ruhbān* cita anche questo detto:

Disse un anziano: "Il vero discernimento non avviene se non attraverso l'umiltà e l'umiltà significa rivelare i nostri pensieri e le nostre azioni ai nostri padri, non avendo fiducia nella

---

[4] *Ṭaraḥa al-ǧasad*, ovvero "gettò via il corpo", dunque morì.
[5] Apoftegma n. 583 del *Bustān* (pp. 244-245).

nostra opinione ma consultando gli anziani esperti che hanno ottenuto la grazia del discernimento e agendo secondo ciò che ci consigliano. A colui, infatti, che rivela i propri cattivi pensieri ai suoi padri, questi pensieri gli si attenuano [...] Se i mestieri che vediamo con i nostri occhi, sentiamo con le nostre orecchie e facciamo con le nostre mani, non riusciamo a praticarli da noi stessi se prima non li impariamo dai loro maestri, non è forse stolto e stupido chi vuole praticare l'arte spirituale invisibile senza maestro? Sapendo che essa è la più nascosta di tutte le arti e sbagliare in essa si traduce in una perdita superiore a quella di tutte le altre arti"[6].

Sì, la nostra vita monastica ha bisogno della guida di un padre che conosca la via monastica e del nostro impegno di obbedirgli in tutto.

Oggi non ho preparato un discorso. Sono venuto soltanto a congratularmi con i monaci che sono stati consacrati e per leggere insieme a voi l'esortazione che non abbiamo letto in chiesa.

Esortazione della monasticazione

Il sacerdote pronuncia questa esortazione fino alla fine al fratello, il quale si mette in piedi e inclina la testa al Signore.

Nel nome del Padre, del Figlio e dello Spirito Santo, unico Dio. Sappi amato fratello la grandezza di questa grazia che hai ottenuto poiché hai indossato lo schema che è proprio degli angeli, ti sei eretto a soldato di Cristo e ti sei presentato per combattere una grande e buona lotta. Innanzitutto, ti sei rinnovato e purificato dalle opere malvagie che sono del mondo come ha testimoniato il grande santo Antonio, padre dei monaci, il quale ha detto che lo spirito che discende sul santo

---

[6] Apoftegma n. 623 del *Bustān* (p. 261).

battesimo discende anche sullo schema al momento della monacazione purificando colui che sta diventando monaco. Il
grande Antonio testimoniò anche di aver visto la sua anima
come uscire dal corpo. Essa veniva ostacolata nell'aria e si voleva chiedere conto della sua vita fin dalla sua infanzia. Ma
una voce dal cielo disse: "Dall'infanzia al momento in cui è
diventato monaco, ho perdonato tutto e tutti i peccati a
quest'uomo, mediante la monacazione. Ma dal momento in
cui è diventato monaco, potete chiedergli conto". E così lo
giudicarono e lo trovarono immacolato, insigne davanti al Signore, in possesso di opere virtuose. E ora, amato fratello, che
ti sei purificato dalle multiformi lordure di questo mondo,
custodisci te stesso affinché tu sia un buon soldato per Gesù
Cristo, Re dei re, resistendo alla guerra nascosta che ti muovono satana e i suoi soldati malvagi. Mantieni l'impegno che
ti prendi ora, ovvero di adorare Dio con timore e tremore, di
recitare assiduamente i salmi, notte e giorno, di vegliare di
notte, di pregare la Salmodia e le orazioni imposte dalla santa
Chiesa, di portare a termine tutto ciò con impegno, praticando, sulla via regale, un moderato digiuno e l'ascesi, conservando la purezza del corpo senza la quale nessuno vede Dio,
affinché tu sia amico degli angeli. Sottomettiti costantemente
e sii umile e ubbidiente agli anziani esperti. Impegnati ad
ascoltare fino alla morte colui che ti guida verso la via di Dio
e i suoi santi comandamenti affinché tu possa ottenere la corona dei figli di Dio, ereditare il Regno dei cieli e aver parte ed
eredità insieme a tutti i santi che hanno compiaciuto Dio fin
dall'inizio. Impegnati a restituire raddoppiato il talento che ti
è stato consegnato affinché tu possa sentire la voce che dice:
"Bene, servo buono e fedele, sei stato fedele nel poco, ti darò
potere su molto; entra nella gioia del tuo padrone" (Mt 25,21).
Il Signore Dio ti assista e ti aiuti in ogni opera buona, ti protegga fino all'ultimo respiro dalle tentazioni del nemico

avverso e ci renda tutti degni di sentire quella voce gioiosa che dice: "Venite, benedetti del Padre mio, ricevete in eredità il regno preparato per voi fin dalla creazione del mondo" (Mt 25,34), "quelle cose che occhio non vide, né orecchio udì, né mai entrarono in cuore di uomo" (1Cor 2,9). Per l'intercessione della Sovrana la Vergine pura, la Madre di Dio, la santa Vergine Maria, di San Marco l'evangelista e apostolo, del grande padre abba Antonio, del giusto abba Paolo [l'eremita], dei tre Macari e di tutti gli staurofori. Gloria al Padre, al Figlio e allo Spirito Santo, ora e sempre e nei secoli dei secoli. Amen.

Abbiamo letto due esortazioni in chiesa. Così ho pensato di portarvi una terza che non avete mai sentito e sono andato a ricopiarla da uno dei nostri manoscritti presenti in monastero[7]. Le due esortazioni che abbiamo letto in chiesa sono anch'esse presenti nei manoscritti. Ma questa terza la ritroviamo all'interno di un rito chiamato "Rito della vestizione dello schema" che è seguito dalla lettura proprio di questa esortazione.

Veniamo ora a un breve commento.

Nel nome del Padre, del Figlio e dello Spirito Santo, unico Dio. Sappi amato fratello la grandezza di questa grazia che hai ottenuto poiché hai indossato lo schema[8]

---

[7] Il testo è tratto dal manoscritto ṭaqs 12/38 del XVI sec. conservato nella biblioteca della sacrestia del Monastero di San Macario.

[8] *Schēma*, in greco "aspetto", arabizzato in *'iskīm*, indica anche l'abito monastico. Attualmente l'abito monastico copto (il cosiddetto *al-'iskīm al-ṣaġīr*, "piccolo schema") è composto dalla tunica nera (*ǧalābiyya*), dal cappuccio nero (*ṭāqiya*), dalla calantica (*qulunsuwwa*; cappuccio nero che scende sulla schiena con tredici croci di colore chiaro e una cucitura centrale), dalla croce pettorale (*ṣalīb*; la si indossa sotto

che è proprio degli angeli.

La prima cosa che viene stabilita dall'esortazione è che noi abbiamo ottenuto una grazia e che il monachesimo è una via di grazia. In secondo luogo, ci dice che abbiamo rivestito lo schema che è proprio degli angeli. Qui, con il termine "schema", si intende l' "aspetto", dalla parola greca *schéma*, vale a dire: "Hai assunto l'aspetto degli angeli". Ma perché viene chiamato "l'aspetto degli angeli"? Perché l'occupazione degli angeli è quella di lodare. Assumere il loro aspetto, significa che la nostra missione principale è la lode. Se non vi è lode, significa che il nostro "schema" non è quello degli angeli, si tratta di un altro "schema".

Ti sei eretto a soldato di Cristo.

---

l'abito), dallo scialle nero (*šāl*; lo si mette sopra i due cappucci) e dalla cintura (*minṭaqa*; si indossa sotto l'abito). La calantica è di origine siriaca e fino al 1972 era sconosciuta in ambiente copto. È stata introdotta da papa Shenuda III e leggermente adattata rispetto alla versione siriaca: i siri la annodano attorno al petto e mostrano i capelli sulla fronte; i copti la allacciano sotto il mento e coprono tutti i capelli. Il Monastero di San Macario è stato l'unico monastero egiziano a non aver recepito il nuovo elemento dell'abito monastico. È soltanto con le ordinazioni monastiche del 2010, a opera di papa Shenuda III, che l'abito consegnato al momento dell'ordinazione ha iniziato a includere la calantica. Nel maggio 2009 lo stesso patriarca la aveva fatto indossare a tutta la comunità Tuttavia, i monaci hanno ottenuto l'autorizzazione patriarcale a poter mantenere l'abito tradizionale senza la calantica, indossando solo il cappuccio. Attualmente, vi sono monaci che la indossano e monaci che non la indossano. L'abito ha una grande importanza per i Padri monastici antichi essendo il simbolo della condizione monastica e delle virtù a essa associate. Inoltre a esso veniva attribuita una forza quasi sacramentale che preservava il monaco dalle tentazioni diaboliche.

"Ti sei eretto" significa che nessuno ti ha chiesto di arruolarti nell'esercito. Nessuno è venuto a dirci: "Ormai hai compiuto diciotto anni, devi entrare nell'esercito". L'esercito di cui si parla qui non è obbligatorio, è volontario. Sei tu che hai scelto spontaneamente di entrarci. Il fatto che tu sia entrato spontaneamente significa che ti sottoponi in piena volontà e totale libertà alle leggi che regolano questo esercito.

Il termine "soldato di Cristo" non ha bisogno di molte spiegazioni. Leggiamo nel *Bustān*:

> Raccontò un anziano che una notte, mentre pregava nel deserto interiore, sentì un forte squillo di tromba come fossero trombe di guerra. Si meravigliò pensando che il deserto era disabitato e che non vi era nessuno. Da dove proveniva, dunque, quel suono di tromba? Forse che si preparava una guerra? Ed ecco che satana gli si parò dinnanzi e, ad alta voce, gli disse: "Sì, monaco! È guerra! Se vuoi, combatti. Altrimenti consegnati ai tuoi nemici!"[9].

Non c'è una via di mezzo: o combattiamo, o consegniamo le armi ai nostri nemici.

> Ti sei presentato per combattere una grande e buona lotta. Innanzitutto, ti sei rinnovato e purificato dalle opere malvagie che sono del mondo.

Può significare: "Hai abbandonato il mondo con tutto ciò che contiene". Ma questo è soltanto il senso superficiale dell'abbandonare.

> Come ha testimoniato il grande santo Antonio, padre dei monaci, il quale ha detto che lo spirito che discende sul santo

---

[9] Apoftegma n. 701 del *Bustān* (p. 283).

battesimo discende anche sullo schema al momento della monacazione.

Questo testo lo leggiamo nel *Bustān*. Ma non vi è specificato chi è stato a pronunciarlo:

Disse un altro anziano: "Ho visto la stessa potenza della grazia divina che discende sul battesimo di illuminazione discendere al momento della vestizione dell'abito schematico[10]. Colui che getta via l'abito monastico non ha parte con i credenti ma viene annoverato con gli apostati e deve essere punito, a meno che non si penta davanti a Dio con un pentimento vero e di tutto cuore"[11].

Come abbiamo già detto altrove "colui che getta via l'abito monastico" non significa necessariamente qualcuno che si è svestito dell'abito monastico, cioè che ha abbandonato il monastero. Posso, infatti, "gettare via da me l'abito monastico" stando in monastero. Ciò è più grave, perché, se fossi franco con me stesso e con gli altri, sarebbe più coerente che mi svestissi e me ne andassi. È più pericoloso essere svestiti dell'abito monastico mentre si è ancora in monastero. All'apparenza sembro un monaco, ma il mio comportamento, interiore o esteriore, indica il contrario.

Uno dei presenti domanda all'abate: Non capisco una cosa. Quando viene detto che una grazia simile a quella del battesimo discende sul monaco, che cosa si vuole dire? Non è un po' esagerato?

Risposta di anba Epiphanius: No, non è un'esagerazione. Questa frase è stata pronunciata agli esordi del

---

[10] Si intende l'abito monastico.
[11] Apoftegma n. 697 del *Bustān* (p. 282).

monachesimo. Ne consideri il senso teologico, padre. Che cos'è il battesimo? Non significa forse una persona che abiura il mondo e che chiede di essere accolto da Cristo? Non è questo il battesimo? E che cos'è il monachesimo? Una persona che abiura il mondo e che chiede di essere accolto da Cristo. Facciamo, quindi, attenzione. Abba Antonio afferma che colui che abiura il mondo e chiede di essere accolto da Cristo è come colui che abiura il mondo ed entra nel monachesimo. È come se io che ho lasciato il mondo volontariamente e sono entrato in monastero fossi stato battezzato di nuovo. Se i Padri definiscono la conversione come un nuovo battesimo dal momento che "conversione", in greco *metánoia*, significa "cambiamento di rotta", quanto più lo sarà il monachesimo in quanto cambiamento totale di atteggiamento verso la vita e non soltanto come un cambiamento di modo di pensare in un momento particolare. Il monachesimo è un cambiamento radicale di qualsiasi stile di vita. Non sto parlando qui simbolicamente o allegoricamente. Al contrario, credo che sia così realmente. Tanto più che quello che stiamo dicendo è ben presente negli scritti dei Padri e viene detto durante l'ordinazione monastica.

> ...purificando colui che sta diventando monaco. Il grande Antonio testimoniò anche di aver visto la sua anima come uscire dal corpo. Essa veniva ostacolata nell'aria e si voleva chiedere conto della sua vita fin dalla sua infanzia. Ma una voce dal cielo disse: "Dall'infanzia al momento in cui è diventato monaco, ho perdonato tutto e tutti i peccati a quest'uomo, mediante la monacazione".

Ciò significa un nuovo inizio. È ciò che accade anche con il battesimo: "un nuovo inizio".

"Ma dal momento in cui è diventato monaco, potete chiedergli conto". E così lo giudicarono e lo trovarono immacolato, insigne davanti al Signore, in possesso di opere virtuose. E ora, amato fratello, ti sei purificato dalle multiformi lordure di questo mondo. Custodisci te stesso da ora affinché tu sia un buon soldato per Gesù Cristo.

In questa esortazione il punto principale è che siamo diventati "soldati per il Signore Gesù". Abbiamo lasciato il mondo, abbiamo ricominciato insieme al Signore da zero, riguardo ai peccati del passato, abbiamo ricominciato con il Signore e siamo entrati a far parte dell'esercito angelico, l'"esercito della lode".

Mantieni l'impegno che ti prendi ora, ovvero di adorare Dio con timore e tremore.

Qui il testo si riferisce a un impegno. Probabilmente è esistita una qualche promessa che veniva letta al momento dell'ordinazione. Oppure, forse, con il termine "impegno" va inteso l'impegno che ho preso con me stesso di vivere come monaco in monastero. In cosa consiste questo impegno? In primo luogo nell'adorare Dio con timore e tremore.

Di recitare assiduamente i salmi, notte e giorno, di vegliare di notte, di pregare la Salmodia[12] e le orazioni imposte dalla

---

[12] Con il termine Salmodia, nella Chiesa copta ortodossa, non si intende la recita cantata del salterio ma una liturgia corale nella quale vengono cantate alcune cantiche e salmi di lode dell'Antico Testamento (dette "odi") e altre composizioni letterarie, di epoche molto diverse,

santa Chiesa, di portare a termine tutto ciò con impegno, praticando, sulla via regale, un moderato digiuno e l'ascesi.

"La via regale" viene chiamata anche "via mediana" perché è soggetta a pochi rischi, sia di deriva "a destra" che di deviazione "a sinistra". Nel senso che si pone a una certa distanza sia dal "colpo destro", ovvero dal peccato di orgoglio, che è capace di distruggere completamente il monaco, sia dal "colpo sinistro", ovvero dalla negligenza[13]. Questa è la "via mediana" che fa giungere facilmente al Regno.

> Conservando la purezza del corpo senza la quale nessuno vede Dio, affinché tu sia amico degli angeli.

Ovviamente "amico degli angeli" per almeno due motivi. Innanzitutto, perché lodano Dio tutto il giorno. E noi siamo entrati a far parte del coro dei "lodatori". In secondo luogo, perché vivono in purezza, i loro spiriti sono puri. Se

---

distinte in *psali* (organizzate attorno al nome di Gesù), *theotokie* (inni dedicati alla vergine Maria), dossologie dei santi e delle feste, e altri testi.

[13] "La via regale", "il colpo di destra" e "il colpo di sinistra" sono termini che fanno riferimento a vari testi monastici che riprendono, a loro volta, alcuni testi biblici (cf. Nm 20,17; Dt 5,32; Gs 1,7; Pr 4,27 ecc.). Tra questi un testo di Cassiano (*Conferenze* II, 2), quando parla del discernimento: "È questa [la discrezione] che insegna al monaco, nel camminare per una via regale, il modo di evitare i due eccessi fra loro opposti, rifuggendo così, a destra, dall'esaltarsi per la pratica delle virtù [...], e dall'altra, non permettendo al monaco di deflettere a sinistra con il cedere al rilassamento". Ma ritroviamo queste espressioni anche in un altro punto in Giovanni Cassiano (*Conferenze* IV,12); in N620 e N641; in Pseudo-Basilio, *Costituzioni ascetiche* 4,2; e in Giovanni Climaco, *La scala* 1,47. Doroteo di Gaza (*Insegnamenti* 10,106-107) fa riferimento in particolare alla "via mediana".

viviamo in purezza saremo amici degli angeli. Qui, dunque, si sottolineano due cose: la lode e la purezza del corpo.

> Sottomettiti costantemente e sii umile e ubbidiente agli anziani esperti.

Umiltà e obbedienza sono due argomenti dei quali ha parlato ampiamente Sua Santità Papa Tawadros sottolineando, in particolare, l'importanza dell'obbedienza[14]. Ha detto che l'obbedienza è il vanto del monaco. E ha poi parlato dell'obbedienza da diversi punti di vista. L'obbedienza è un deposito che ci è stato affidato dal Signore nella nostra vita monastica e dobbiamo custodirlo. L'obbedienza è un'esperienza che facciamo ogni giorno. Ha poi raccontato l'episodio dello stampo per mattoni per cui divenne noto l'abate del Monastero di al-Suryān, abba Teofilo. Era solito mettere uno stampo per mattoni sul vialetto che portava alla sua cella. I monaci che andavano a salutarlo di solito lo spostavano per non inciamparvi. Il vescovo domandava allora al monaco che aveva tolto lo stampo: "Perché hai spostato lo stampo?". E il monaco normalmente rispondeva: "Perché nessuno ci inciampi". Il vescovo allora replicava immediatamente: "Sei venuto a farti monaco o ad organizzarci il monastero? Nessuno allunghi le mani senza permesso!". Il monaco rispondeva: "Va bene, monsignore". Dopo due o tre giorni qualcuno diceva allo stesso monaco: "Il vescovo ti vuole". Prima della seconda visita, l'abate predisponeva di nuovo nel viottolo lo stampo. Stavolta, dopo aver notato di

---

[14] Il riferimento è all'incontro tra Sua Santità e i monaci avvenuto il giorno della festa di Šamm al-nasīm, 13 aprile 2015, nella residenza patriarcale "Logos" all'interno del Monastero di San Pishoi.

nuovo lo stampo, il monaco lo evitava senza toccarlo minimamente. Quando si presentava davanti all'abate, questi gli diceva, rimproverandolo: "Ma sei cieco? Non ha visto lo stampo per terra? Perché l'hai lasciato lì dov'era? Non sai che i monaci ci possono inciampare?".

Lo scopo dell'abate non era confondere o mettere in imbarazzo il monaco. Egli voleva semplicemente, fin dal primo giorno, inculcare l'obbedienza nel cuore del monaco. L'obbedienza è, infatti, per il monaco l'indice che egli ha veramente consegnato totalmente la propria vita a Dio. Dentro le mura del monastero non ha altro modo di dimostrare la sua obbedienza ai comandamenti di Dio che obbedire all'ordine interno del monastero o al suo padre confessore. Ciò rappresenta lo stato visibile della obbedienza a Cristo in tutti i suoi comandamenti. Obbedienza non significa, certamente, obbedire alla volontà cieca di un responsabile che vuole dominare e controllare il monastero e i monaci.

E sii umile.

Non c'è bisogno di parlare molto dell'umiltà, dal momento che è qualcosa di estremamente evidente per noi. Il monaco che non è umile perde tutto nella vita monastica, perché l'orgoglio è la caratteristica principale di satana.

Sii umile e ubbidiente agli anziani esperti. Impegnati fino alla morte ad ascoltare colui che ti guida verso la via di Dio.

L'obbedienza al padre confessore è importantissima. Questa obbedienza nelle cose che egli stabilisce – cibo, bevanda, preghiera o vita comunitaria – pone il monaco in uno stato di tranquillità. Perlomeno fa sì che il monaco non porti la responsabilità da solo. C'è un altro che la porta insieme a lui. Quando rendo il mio padre confessore responsabile per me, questo suo sentirsi responsabile per me davanti a Cristo lo rende estremamente vigile nei miei confronti e in pensiero per me. Se gli obbedisco allora egli porta insieme a me la responsabilità. Sappiate questo: che nel monastero il padre confessore non divulgherà mai e poi mai le confessioni, sia dei novizi che dei monaci, all'abate in monastero. Siatene certi. Perché ve lo dico? Qualche giorno fa mi è arrivato un messaggio da parte di un monaco che mi ha lodato perché era molto contento per l'atmosfera in chiesa il giorno di Giovedì dell'Alleanza (Giovedì Santo). L'ho ringraziato per il messaggio e lui mi ha risposto parlando negativamente della confessione dicendomi: "Ho sempre avuto paura che il mio confessore rivelasse le mie confessioni all'abate". Il riferimento non era a me ma a colui che mi ha preceduto. Allora ho voluto in qualche modo rassicurarlo, nonostante non si riferisse a me personalmente. Tuttavia ho considerato come se le sue parole fossero rivolte a me. Gli ho scritto: "È vero che sono il vescovo del monastero ma, davanti a Cristo, ti dico che per natura detesto ascoltare i peccati degli altri". Sono fatto così. Può essere sbagliato ma è così che sono fatto. Detesto ascoltare i peccati degli altri, figuriamoci ascoltare i peccati di qualcuno dal suo confessore. Voi sapete che io non confesso e, con il permesso di Cristo, non confesserò mai. Non perché il mistero della confessione sia sbagliato o perché io lo disprezzi. Assolutamente. Semplicemente perché non amo ascoltare i peccati degli altri. Perché intorbidirmi la mente ascoltando queste cose? Ovviamente questa è una lezione per noi tutti. Cerchiamo di non ascoltare i peccati gli uni degli altri. Se qualcuno vede suo fratello peccare per qualsiasi motivo, che il peccato sia piccolo o grande, non lo riporti assolutamente a un altro monaco. Denunciare il peccato di mio fratello non è compito mio. Ciò che è compito mio è coprire mio fratello. Il massimo che puoi fare, se proprio senti che quel peccato può ostacolare tuo fratello nella via spirituale, puoi riportarlo al suo padre confessore. A nessun altro se non a lui. Non dirlo a nessun altro dei tuoi fratelli. E anche quando lo dici al suo confessore usa formule come: "Mi sembra che... Non sono sicuro ma...". Perché forse alla tua conoscenza manca un fatto importante che non conosci. In ogni caso, è meglio chiudere gli occhi e non guardare. Questa è la cosa migliore.

Uno dei presenti interrompe anba Epiphanius e chiede: A volte mi capita un problema con la mia confessione. Ad esempio, talvolta confesso un peccato in cui lo stesso mio confessore è caduto e che ancora commette. Quando mi dà una direzione spirituale non riesco ad obbedirgli proprio perché so che egli commette il mio stesso peccato.

Risposta di anba Epiphanius: Guardi, padre, innanzitutto io non mi confesso per ricevere una direzione spirituale. Non è questa la confessione. Io mi confesso perché ho peccato e mi converto. Per questo, confesso il mio peccato e ottengo l'assoluzione per bocca del sacerdote. Così il mio peccato è perdonato. Questo in primo luogo. Se necessito di una direzione spirituale, il padre confessore può darmela. Se sono obbediente e vedo nel mio direttore spirituale l'immagine di Cristo, trarrò vantaggio dalle sue parole, anche se lui stesso è caduto nel mio stesso peccato, anche se si sa di lui – Dio mi perdoni! – che ha commesso l'impurità.

Io so che ha commesso l'impurità e io, magari sono combattuto dai pensieri impuri. Dunque da un punto di vista della lotta spirituale ho "compiuto" molto meno di lui. Ma quando mi converto e mi confesso e il confessore legge su di me l'assoluzione, il mio peccato è perdonato. Fatto questo, che cosa mi importa? Forse che non esistono chirurghi che hanno dei tumori e, ciononostante, operano per rimuovere i tumori degli altri? In passato uno dei più famosi cardiochirurghi era malato di cuore e non trovò nessuno che potesse fargli l'operazione al cuore di cui aveva bisogno. Ma, nonostante fosse egli stesso malato, egli continuava a effettuare interventi chirurgici e a salvare molti dalla morte. Padre, non facciamoci turbare da questa cosa. Questo in primo luogo. In secondo luogo: non dovrei pensare al fatto che il mio padre confessore abbia questo peccato, di modo che la mia coscienza resti pura. Che il suo peccato sia palese o meno, devo cercare di non guardare al suo peccato o a quello di qualsiasi altro fratello. Per quanto mi è possibile devo fare questo. Al suo padre confessore lei rivela i segreti del suo cuore, e a lui non è consentito divulgarli. Ma al contempo abbiamo anche un direttore come maestro in monastero. Anticamente la nostra guida spirituale era rappresentata da padre Matta el Meskin. All'interno del monastero era lui che teneva le omelie e le lezioni ed era lui che insegnava. Il direttore è colui che possiede una lampada e con essa illumina il percorso del monaco. Ma i casi personali e privati di ognuno di noi riguardano il padre confessore. Cerchi di distinguere tra la questione personale, che necessita di una direzione spirituale, e della conversione, e la questione pubblica a causa della quale tutti abbiamo bisogno di una direzione nella nostra vita spirituale. Anche se dovesse sentire direzioni contrastanti, il Signore aprirà la sua mente affinché lei comprenda dove è il giusto. Se uno è fedele al suo padre confessore, può dirgli: "Stavo con padre Epiphanius e mi ha detto questo". E lui gli risponde: "Padre Epiphanius è degno di fiducia e ha detto una cosa giusta. Ma queste parole non fanno per te. A te, come carattere e come persona, si confà piuttosto quest'altro".

Impegnati ad ascoltare fino alla morte colui che ti guida verso la via di Dio e i suoi santi comandamenti.

Vuol dire che se la direzione ti porta alla morte, tu obbediscile. Poiché colui che ti guida camminerà con te sulla via e si accollerà la responsabilità insieme a te.

Affinché tu possa ottenere la corona dei figli di Dio, ereditare il Regno dei cieli e aver parte ed eredità insieme a tutti i santi che hanno compiaciuto Dio fin dall'inizio. Impegnati a restituire raddoppiato il talento che ti è stato consegnato affinché tu possa sentire la voce che dice: "Bene, servo buono e fedele".

Il Signore ha consegnato a ognuno di noi un talento. Per noi tutti, il talento comune è il monachesimo. Dobbiamo custodirlo fedelmente consegnandolo puro alla generazione che ci succede. Ho discusso con Sua Santità il Papa su questo punto in particolare. Gliel'ho detto dentro al santuario, mentre eravamo davanti all'altare: "Santità, lei ha ereditato il monachesimo. È sua responsabilità davanti a Cristo trasmetterlo a noi e alla generazione futura con la stessa purezza con cui l'ha ereditato". Sono stato molto franco con lui su questo punto in particolare. Noi abbiamo ereditato il monachesimo come una via pura e santa. Gli ho detto ancora: "Noi la appoggiamo in qualsiasi decisione Lei prenderà che possa purificare il monachesimo e riportarlo su una via retta. È una responsabilità che riguarda in primo luogo Lei in persona". Queste stesse parole le dico a voi qui. Voi avete promesso di percorrere questa santa via. È vostra responsabilità trasmettere il monachesimo come lo avete ereditato, come via santa e come vita santa. Nessuno di voi pensi: "Sono ancora un principiante, sono ancora all'inizio della vita monastica, non posso trasmettere nulla". Il tuo custodire la via contribuisce a trasmetterla a coloro che vengono dopo di noi. Se, entrando in monastero, non avessimo visto monaci più anziani di noi e la loro fedeltà alla via "fino alla morte", il monachesimo non sarebbe sopravvissuto fino a questo momento. Parlo della nostra generazione. Noi li abbiamo visti con i nostri occhi, e forse anche qualcuno di voi li ha visti prima che morissero. Parlo di quei monaci dai quali ho imparato il monachesimo: abuna Luqa, abuna Panagias, abuna Kyrillos, abuna Ya'qub – che Dio doni riposo alle loro anime. In questa generazione esistevano monaci estremamente fedeli e ognuno di loro aveva una virtù particolare che lo distingueva dagli altri. Ognuno di loro era totalmente fedele nella sua virtù che poi ha trasmesso alla generazione successiva. La vostra fedeltà consiste in questo: come avete ereditato il monachesimo come via santa, così dovete trasmetterlo alla generazione che vi segue.

"Bene, servo buono e fedele, sei stato fedele nel poco, ti darò potere su molto; entra nella gioia del tuo padrone" (Mt 25,21). Il Signore Dio ti assista e ti aiuti in ogni opera buona, ti protegga fino all'ultimo respiro dalle tentazioni del nemico avverso e ci renda tutti degni di sentire quella voce gioiosa che dice: "Venite, benedetti del Padre mio, ricevete in eredità il regno preparato per voi fin dalla creazione del mondo" (Mt

25,34), "quelle cose che occhio non vide, né orecchio udì, né mai entrarono in cuore di uomo" (1Cor 2,9). Per l'intercessione della Sovrana la Vergine pura, la Madre di Dio, la santa Vergine Maria, di San Marco l'evangelista e apostolo, del grande padre abba Antonio, del giusto abba Paolo [l'eremita][15], dei tre Macari[16] e di tutti gli staurofori[17]. Gloria al Padre, al Figlio e allo Spirito Santo, ora e sempre e nei secoli dei secoli. Amen.

Questa esortazione, che si trova nei manoscritti, viene letta sul monaco quando prende lo schema, ovvero l'aspetto monastico. Se ci sono domande o commenti riguardanti quanto abbiamo detto, fatevi avanti. Ho cercato l'originale copto di questo testo, ma purtroppo non l'ho trovato. Mi sembra evidente, però, che si tratti di un testo tradotto, in quanto non usa uno stile propriamente arabo, soprattutto se consideriamo tutti questi numerosi casi di posposizione e prolessi, tipici del copto. Non sappiamo

---

[15] Abba Paolo (230 ca. – 335 ca.), conosciuto come Paolo di Tebe (in Occidente), e come Paolo primo eremita (in Egitto), è molto venerato nella Chiesa copta. È particolarmente nota la visita che ricevette da parte di abba Antonio il Grande alla fine della sua vita. Secondo l'unica biografia antica che abbiamo, quella compilata da Girolamo, fu Antonio stesso a seppellirlo con l'ausilio di due leoni sopraggiunti per questo scopo. Sul luogo in cui è stato seppellito è stato costruito il Monastero di San Paolo, tutt'ora attivo.

[16] Si tratta di Macario il Grande (300-390), Macario l'Alessandrino (300 ca.-395) e Macario vescovo di Tkaw (m. 451), le cui reliquie giacciono nella grande chiesa di San Macario il Grande, nel suo monastero.

[17] Letteralmente "portatori di croce", nella tradizione copta è un termine che si riferisce, in generale, ai monaci, ma anche, nello specifico, ad alcuni santi monaci che hanno mostrato particolarmente il tratto della sofferenza nelle loro vite.

l'epoca in cui questa esortazione è stata scritta. Il manoscritto da cui l'ho tratto risale al XVI secolo. In questo manoscritto le preghiere dell'ordinazione monastica sono scritte su due colonne, una colonna in copto e una in arabo. L'esortazione, però, si trova solo in arabo.

Un aspetto importante del rito della monacazione è la sottolineatura che si fa dell'evitare l'"inimicizia". Tra le esortazioni che vengono lette al monaco, esiste un testo che dice: "Nessuno abbia nel cuore inimicizia, ira o falsità". Queste parole significano semplicemente questo: "Non trattare gli altri monaci come ti trattano loro". Il Vangelo dice: "Come volete che gli uomini facciano a voi, così anche voi fate a loro" (Lc 6,31). Anche se ti trattano male, non ripagarli male per male. Trattali come Cristo ti chiede di trattarli, non come loro ti trattano. Non pensare di essere un militare tanto da non permettere a nessuno di prendere la tua porzione di beni distribuiti[18], o da pretendere un tuo diritto se qualcuno te ne priva. Questo non è monachesimo. Lascia che gli altri ti trattino come vogliono. Tu, invece, trattali come Cristo ti chiede di trattarli. Ciò farà una grande differenza. Se ognuno di noi iniziasse ad applicare questo principio dicendo: "Voglio trattare mio fratello come Cristo mi chiede di farlo", credo che le inimicizie tra i monaci finirebbero. Ciò che ho notato è che

---

[18] In arabo: *mirs*. *Mirs* è una parola di origine greca, *méros*, che indica "parte, porzione, quota". Nel linguaggio monastico indica la "quota" di beni – che si tratti di cibo, bevanda, vestiario o altre necessità – distribuita a ogni monaco. Esiste anche un verbo derivato da questo termine, *marrasa*, che indica l'atto di distribuire a ogni monaco la "porzione" che gli spetta.

quest'inimicizia non è tanto presente qui da noi ma è molto diffusa negli altri monasteri. A questo proposito, due giorni fa ero a una riunione con Sua Santità. Una persona dalla platea ha inviato una domanda al Patriarca dicendo: "Mi auguro che la mia vita sulla terra finisca presto per poter andare in cielo". Dopo aver letto questa frase, Sua Santità ha detto: "In mezzo a noi abbiamo qualcuno che vuole andare in cielo!". Poi ha continuato a leggere: "...in modo da poter trovare pace rispetto ai maltrattamenti che ricevo dai miei confratelli monaci. Tuttavia, temo profondamente di andare in cielo e di trovarli anche là!". Il Patriarca gli ha risposto dicendo: "Se temi di trovarli anche là e tu non li vuoi, allora ti sei scelto tu stesso un altro posto nel quale non ci saranno monaci". Ci troviamo davanti a un monaco che vuole morire perché non sopporta i maltrattamenti dei suoi fratelli monaci e, ciò che è peggio, non vuole ritrovare i suoi fratelli monaci nel luogo in cui andrà a finire. Ovviamente, la risposta di Sua Santità è stata dura. Come se gli avesse detto: "Non ti troverai nel luogo in cui si troveranno loro, dal momento che ti sei scelto da solo di andare in un altro posto". Vi dico questo perché ai nostri tempi era diffuso un certo comportamento che grazie a Dio oggi non c'è più. Ci arrabbiavamo con il nostro fratello e, quando gli altri cercavano di riappacificarci, rispondevamo: "Nel *Bustān* è scritto: 'Se per caso trovi nell'altro una lacuna, allontanalo da te e non averci più a che fare'[19]". Il *Bustān* dice "lacuna" e non "se tuo fratello ti fa arrabbiare, allontanalo dalla tua vita e non averci a che fare per tutto il resto della tua vita".

---

[19] Apoftegma n. 156 del *Bustān* (p. 85). Cf. *Alfabetica*, Agatone 23.

Trovatemi una frase nel *Bustān* che significhi questo. Il testo non dice: "Se tuo fratello si arrabbia con te, lascialo perdere e non averci più a che fare". La frase "Se per caso trovi nell'altro una lacuna" indica un fatto specifico: "Se sei combattuto a causa di una certa cosa in una certa persona, allontanalo da te, in modo che entrambi possiate vivere in pace". Qui si indica un fatto preciso. Se leggete il *Bustān* attentamente, ve ne renderete conto. Nella nostra vita, evita in ogni modo di arrabbiarti con tuo fratello e di coltivare nel tuo cuore un risentimento che ti seguirà per il resto della tua vita in monastero. Con "il resto della tua vita in monastero" intendo letteralmente questo. Un monaco si arrabbia con suo fratello, litigano e non fanno pace. Pochi giorni dopo, suona la campana della chiesa. Questo monaco chiede allora a un altro: "Perché suona la campana?". E l'altro gli risponde: "Abuna tal dei tali è morto". Il monaco che era morto era proprio quello con cui aveva litigato e con il quale non aveva voluto riconciliarsi. Non immaginate che faccia fece questo monaco nel momento in cui venne a sapere questa notizia. Se aveste visto la sua espressione, non avreste potuto dimenticarvela. Vi racconto questa storia perché è avvenuto nel posto dove lavoravo in quel periodo. Ho visto personalmente il volto di quest'uomo e come la sua espressione fosse completamente cambiata. Era sconvolto. Ci siamo tutti rattristati per la morte di questo monaco, ma nel suo caso la situazione era ben diversa. Aveva avuto più di una volta l'occasione di riappacificarsi ma non l'aveva colta. Ovviamente, non veniamo tutti da uno stesso retroterra culturale. L'ambiente nel quale siamo cresciuti varia molto da uno all'altro. Non ho scelto i miei fratelli. Sono venuto in monastero e qui ho trovato i miei fratelli e ho scelto di aggregarmi a loro come loro fratello. Non ho scelto a piacimento i miei fratelli ma è Cristo che ci ha scelti tutti e ci ha messo insieme in questo posto.

A noi è chiesto di vivere una vita in pace e di amarci gli uni con gli altri. Toglietevi dalla testa completamente che qualcuno di voi possa avercela per sempre con un altro. Cancellate questa possibilità dal dizionario della vostra esistenza. Arrabbiarsi l'un con l'altro, sì, non è un problema. Ricordo che abuna Luqa aveva litigato con un altro monaco al lavoro. Dopo il lavoro, ognuno di loro, furente, tornò nella propria cella. Poche ore dopo abuna Luqa telefonò all'altro monaco. All'epoca non avevamo i cellulari. Le telefonate si facevano con il telefono interno e, dunque, il monaco a cui telefonò abuna Luqa non era in grado di sapere chi lo chiamasse. Rispose. Abuna Luqa iniziò a parlargli. L'altro si innervosì e rispose: "Con che coraggio mi telefoni?!". Abuna Luqa gli rispose: "Abuna, il sole è tramontato. La questione è finita". "Non tramonti il sole sulla vostra ira" (Ef 4,26). Abuna Luqa si era messo in testa che, dal momento che il sole era tramontato, la questione era da considerarsi finita. Gli ho chiesto: "Ma come fai?". E lui mi ha risposto: "Non siamo abituati a rimanere in collera". Sì, ci saranno tante cose per le quali ci arrabbieremo l'un con l'altro. Siamo esseri umani. Prenditela con me, sono d'accordo, ma il diritto alla tua ira scade al tramonto. È come l'anno giubilare nel quale si proclamava la liberazione per tutti gli abitanti: più ti avvicini al tramonto, più devi sapere che la tua ira deve finire. Se ti arrabbi con me al mattino, prega Cristo che non mi prenda durante il giorno perché abbiamo ancora dieci ore di tempo per rappacificarci. Se è di pomeriggio, abbiamo ancora tre ore circa. Se è poco prima del tramonto, loda Dio che mancano solo pochi minuti. Badate a non far tramontare il sole sulla vostra ira. Questo ci farà perdere la gioia del nostro vivere insieme. Avete visto questi casi particolari, come il messaggio arrivato a Sua Santità l'altro ieri. Fate attenzione a non litigare e a non prolungare il vostro litigio. Credo che queste cose le abbiamo lette nelle esortazioni in chiesa. In un'esortazione che viene letta al momento della ordinazione leggiamo:

Cammina da ora in maniera degna della vocazione per essere libero dalle divisioni, odiando le cose che ti attirano verso il basso, rivolgendo tutto il tuo desiderio al cielo, senza tornare indietro, affinché tu non diventi una colonna di sale (cf. Gn 19,26).

Quest'esortazione continua dicendo:

Non resistere, ma sii piuttosto obbediente e umile d'animo. Si allontanino da te la mancanza di ascolto, la polemica, l'orgoglio, l'invidia, il riso, la gelosia, l'ira, l'alzare la voce, la bestemmia, la diffamazione, il poco lavoro, la confidenza eccessiva, la litigiosità, il battibecco fondato sulla capacità oratoria, il chiedere raramente consiglio [agli anziani], la mormorazione.

Sono tutte cose che contraddicono l'amore per l'altro. Cerchiamo di cancellare tutte queste cose – per quanto ci è possibile – dal nostro dizionario.

Uno dei monaci chiede ad anba Epiphanius: Talvolta mi capita di allontanarmi da un certo fratello perché mi ferisce con le sue parole. Non è che io smetta di salutarlo, ad esempio, ma preferisco non averci molto a che fare per evitare di essere ferito. È sbagliato?

Risposta di anba Epiphanius: Vediamo che cosa ne pensano gli altri... Vede, non siamo tutti sulla stessa barca. C'è chi sopporta e chi no. Io comunque sono d'accordo con quello che lei dice. Ci sono monaci che hanno la lingua troppo pungente. Lo so bene. E ci sono monaci ancora più difficili da trattare e tuttavia cambiano con il tempo. Come? Pregando per loro. Con il tempo e con la preghiera per loro cambiano. Mostri loro amore, anche se la feriscono. Questo problema non riguarda solo lei, padre. Anch'io lo patisco. A volte ho a che fare con dei monaci intrattabili e ogni volta che affronto questo problema mi dico: "Meno male che sul cellulare posso sapere chi mi sta chiamando! Se mi chiama abuna Tizio, non gli rispondo". Però ogni volta la mia mente non smette di pensare a questa cosa. A volte, mi squilla il telefono dopo le otto di sera. Io, per carattere, amo restare nella tranquillità assoluta di sera. È ciò che cerco di fare da quando sono diventato monaco. Se mi chiama uno di questi monaci intrattabili alle nove o alle dieci di sera, non aspetto fino al giorno dopo: rispondo subito. So che se non gli rispondo subito, ci resterà malissimo. Se voglio risparmiarmi una parola cattiva che potrebbe dirmi, la cosa più facile sarebbe rimandare la telefonata al giorno dopo. Invece, proprio di sera, sto molto attento a rispondere. Di giorno, invece, capita spesso che non risponda subito, a causa dei tanti impegni e del fatto che usi più di una linea. È una cosa al di là della mia volontà e i monaci di solito mi scusano per questo. In ogni caso, richiamo la persona alla quale non sono riuscito a rispondere. Ma di sera, invece, devo assolutamente rispondere all'istante perché, se non rispondo, lascio combattere il monaco tutta la notte con i pensieri e alla mattina si ritrova "cotto". Nella sua cella inizia a ribollire e a essere inquieto. "Perché non mi ha risposto? Ah, certo, è per colpa di quella cosa successa cinque anni fa...". Satana inizia a cuocerlo per bene per tutta la notte. Ecco, mi permetta di dirle una cosa difficile da accettare: ci sono persone che possono cambiare o trattandole bene oppure pregando per loro. In ogni caso, entrambe le cose portano frutto.

Uno dei presenti chiede ad anba Epiphanius: Talvolta succede che qualcuno mi infastidisca così tanto da "sviluppare gli anticorpi" e quasi mi abituo a questa situazione [anba Epiphanius ride]. Li considero come il "cauterio di Gesù"[20].

Risponde anba Epiphanius: A volte ci troviamo davanti a persone durissime. Sì, è il "cauterio di Gesù", come dice lei. Questa persona ha un bisogno impellente di preghiera. Possiamo evitare questa persona: io la evito, lei la evita. In questo modo ci mettiamo al sicuro dalla sua cattiveria. Ma lui? Abbiamo risolto il nostro problema, ma del suo problema chi si occupa? Lo abbiamo risolto così facendo? Non è un nostro fratello in monastero? Non ci preoccupiamo

---

[20] L'espressione "cauterio di Gesù" è tipica dei Padri del deserto ed è attribuibile ad abba Zosima. La si ritrova sia nella raccolta propria dei discorsi di abba Zosima (Zosima, *Colloqui* 3,4), sia nella collezione sistematica (XVI, 18), sia nella versione copto-araba del Bustān (detto 88 del *Bustān*, p. 56). La paura "cauterio", che deriva etimologicamente dal greco *kaíō* "bruciare", indicava uno strumento medico che si usava per trattare a scopo terapeutico verruche e tumori superficiali, da eliminare attraverso l'uso di alte temperature.

anche della sua salvezza? Evitandolo risolveremo solo in parte il problema, vale a dire quella parte che riguarda noi personalmente. Ma non ho risolto la parte che riguarda mio fratello. Ciò che risolverà il suo problema è innanzitutto il nostro amore per lui. In secondo luogo, ed è la cosa più forte, la nostra preghiera per lui. Ciò porterà inevitabilmente a un risultato. Ovviamente non si aspetti che, dopo aver pregato per lui oggi, domani la abbraccerà e la bacerà. No, sebbene talvolta accada davvero così. Ci sono casi nei quali il risultato è immediato. Se la preghiera è fatta con purezza, il Signore risponde presto. Tuttavia, normalmente ci vuole tempo e, anche se il risultato non è immediato, è però inevitabile. Portiamo pazienza, e così guadagneremo noi stessi e nostro fratello. Il guadagno sarà doppio.

Uno dei presenti chiede: C'è un versetto che possiamo ripetere se succede un problema del genere?

Gli risponde anba Epiphanius: Se qualcuno di voi pensa a un versetto in particolare, lo può condividere.

Uno dei presenti dice: "Insultati, benediciamo; perseguitati, sopportiamo; calunniati, confortiamo" (1Cor 4,12-13).

Anba Epiphanius ridendo: Ah beh, proprio lo stesso livello!

Un altro dei presenti dice: "Non lasciarti vincere dal male, ma vinci il male con il bene" (Rm 12,21).

Un altro: "Sopportandovi a vicenda nell'amore" (Ef 4,2).

Un altro dice: A volte è necessario tagliare corto con questa persona fino a che non si dia una svegliata da solo!

Anba Epiphanius: Come sarà la situazione tra cinque anni?

L'altro risponde: Non saprei.

Anba Epiphanius: Lo cancellerai completamente dal monastero, come se per te non esistesse.

L'altro riprende: È lui che vuole questo!

Anba Epiphanius: E tu, tu vuoi questo?

L'altro risponde: No...

Anba Epiphanius: Cristo vuole questo?

L'altro risponde: No...

Anba Epiphanius: Dunque, applichiamo il comandamento di Cristo, per quanto possiamo. Io non posso invadere mio fratello. Ma posso pregare per lui. Posso, per quanto è nelle mie capacità, mostrargli amore in ogni situazione, senza scurirmi in volto. Se lui taglia corto con noi, non trattiamolo alla stessa maniera. Ad esempio, lui ti dice: "Buongiorno!", e tu rispondi con le stesse identiche parole: "Buongiorno", senza aggiungere neanche una virgola, neanche "Come stai?". Ovviamente no. Non trattiamolo alla stessa maniera. Non trattiamo i monaci come loro ci trattano o come vogliono trattarci.

L'altro interviene nuovamente: Ma è lui a volerlo!

Anba Epiphanius: Se è lui a volerlo e tu vuoi accontentarlo in questo, può andare temporaneamente. Ma non dimenticare di pregare per lui ogni giorno fino a che la situazione non torni alla normalità. Perché, siamo franchi: si tratta forse di una situazione normale? È questo l'interrogativo da porci. Se io tratto abuna Tizio e abuna Caio allo stesso modo, significa che questo è il mio modo di fare. Se invece dico ad abuna Tizio: "Buongiorno, abuna! Come andiamo?" e, invece, quando passa abuna Caio gli cammino a fianco senza neanche salutarlo, c'è qualcosa che non va.

Dunque, se questa persona vuole questo da tutti noi, sono d'accordo che lo si lasci in pace. Ma se si comporta così solo con me o con due o tre, la situazione è grave. La soluzione è, dunque, mostrargli amore.

Uno dei presenti racconta: Un monaco mi ha boicottato per venti anni. Ogni volta che mi incontrava, girava la faccia dall'altra parte. Finché è successo che è rimasto coinvolto in un incidente stradale. Sono andato a visitarlo nella sua cella. Per tutto il tempo che ero lì, si è messo a parlare al telefono. Alla fine della telefonata mi ha detto: "Come sta, abuna Tizio?". Era da vent'anni che non lo sentivo dire questa frase. La questione si è appianata totalmente, anzi siamo perfino diventati amici. Dunque, a volte possiamo trarre vantaggio da situazioni di vulnerabilità che possono diventare una breccia nell'anima della persona dalla quale possiamo entrare [tutti ridono].

Anba Epiphanius: Basterebbe accogliere una richiesta di questa persona. Mettiamo che abbia bisogno di qualcosa e che non sappia come ottenerlo, o magari ha semplicemente bisogno di un servizio particolare. Tu vai e realizzi questo servizio per lui. Questo scatenerà tante cose che non riesci nemmeno a immaginare. Provate a fare così, dopo questo incontro, e poi venite a raccontarmi cosa è successo. Qualcuno vuole aggiungere altro?

Chiede uno dei presenti: Se saluto qualcuno e questi non risponde, devo salutarlo una seconda volta?

Anba Epiphanius: Una seconda, una terza, una quarta... Ma senza preghiera non si raccolgono frutti. Non ci basiamo sulla nostra intelligenza o sulle nostre abilità sociali o psicologiche per risolvere i problemi. Vogliamo che sia la mano di Dio a risolvere il problema. Il risultato sarà migliore. Chiedete l'intervento della mano di Dio in ogni problema. Non si tratta soltanto di una questione psicologica, della serie: la psicologia mi dice di agire in un certo modo e lo faccio. La questione riguarda che cosa dice Cristo: il comandamento di Cristo è così e lo metto in pratica, accompagnandolo con la preghiera. Se la mano del Signore si stende ad aiutare, il risultato sarà più bello.

Uno dei presenti dice: Questo è il sesto senso di cui parla San Macario nel suo testamento spirituale quando dice:

Sappiate questa verità, figli miei: nel cuore dell'uomo vi è un "mistero divino" in base al quale, quando il cuore di un uomo non è puro e i suoi pensieri non sono limpidi verso suo fratello o verso il suo compagno, il cuore del fratello lo sente, non importa quanto egli cerchi con la lingua di mostrarsi disponibile nei suoi confronti. Lo stesso si dica per l'amore: se tuo fratello ti ama, il tuo cuore certamente lo percepirà e tu lo amerai. Perciò fate attenzione, con ogni sforzo possibile, affinché il cuore di nessuno di voi muti nei confronti del proprio compagno. Se accade che qualcuno sente parole che il proprio fratello avrebbe detto di lui - parole di cui non è certo se sono vere o false - non le nasconda nel proprio cuore nutrendo rancore contro il fratello, e non si sforzi di mostrarsi amichevole con la lingua mentre il proprio cuore non è puro. Una situazione come questa genera astio amaro e rancore, e fa adirare Dio[21].

Anba Epiphanius: Anche il Bustān lo dice, caro padre. Ad esempio leggiamo:

---

[21] Traduzione nostra. Per il testo integrale in italiano del testamento spirituale di San Macario: Macario l'Egiziano, *Ai figli spirituali: testamento spirituale*, a cura di Ugo Zanetti, Qiqajon, Magnano 2003.

Un fratello si lamentò con un anziano dicendo: "Faccio una metània[22] al fratello che è in collera con me ma lui continua ad avere il pensiero e la coscienza che non sono puri nei miei confronti". E l'anziano gli disse: "Non stai dicendo la verità. Poiché gli fai una metània senza essere pentito con tutto il cuore nei suoi riguardi". Il fratello gli disse allora: "Sì, hai giudicato bene". L'anziano gli rispose: "Perciò Dio non riesce a convincerlo di purificare la sua coscienza nei tuoi riguardi, poiché tu non gli hai fatto una metània ammettendo il tuo peccato nei suoi confronti, ma pensi ancora, nella tua coscienza, che a sbagliare sia stato lui. Convinciti nella coscienza che sei tu ad aver sbagliato e giustifica tuo fratello, scagionandolo dal suo peccato. Allora Dio realizzerà la stessa cosa nei suoi pensieri e lo intenerirà nei tuoi confronti"[23].

Gli psicologi e, più precisamente, i parapsicologi, affermano che esiste come un raggio che dal mio cuore o dal mio pensiero raggiunge il cuore o il pensiero dell'altro. È così che siamo a nostro agio con una certa persona anche senza aver mai avuto rapporti con lui. Chi ha posto nel nostro cuore questo raggio? Non è forse Dio ad averlo creato? O è una cosa che viene da un altro pianeta? Ovviamente, a patto che questa teoria della parapsicologia sia corretta. Ma diciamo comunque al Signore di mettere tra tutti i nostri cuori questo raggio, se è una cosa creata da Dio. In sintesi: fa' quello che devi fare, anche se l'altro non fa quello che deve fare. Il nostro scopo sia unico: cancellare la parola "avversione" o "litigio" dai nostri vocabolari, con qualsiasi monaco in monastero. Lite, no. Questo è l'aspetto passivo. L'aspetto

---

[22] Prostrazione fino a terra, in questo caso in segno di pentimento e per una richiesta di perdono.
[23] Apoftegma n. 510 del *Bustān* (p. 226).

attivo è quello di mostrare amore. L'amore ha senza dubbio una scala. Iniziamo a percorrerla, fino a che questo nostro amore arriverà a essere un amore perfetto per tutta la creazione, per ogni creatura. Questo è quello che ci hanno insegnato nel Monastero di San Macario, dal primo giorno in cui siamo entrati: amore per tutti, al di là di qualsiasi orientamento religioso, politico, dogmatico, culturale e, anche, al di là "dell'umore". Amore per tutti. Sant'Isacco il Siro ci parla dell'amore e dice che dobbiamo amare tutta la creazione di Dio, finanche i rettili, anche lo scarafaggio che cammina per terra, perché sono creature di Dio. Se Dio le ha create, come faccio io ad odiarle? Ovviamente non vi dirò "amate gli scarafaggi" altrimenti vi troverò ad allevare gli scarafaggi in cella... Ma è per farvi capire a che punto arriva la sensibilità di un santo che ha raggiunto l'unione con Dio arrivando a un piano nel quale si sente unito con tutta la creazione e sente di amare tutte le persone e tutte le creature.

Uno dei presenti: Sembra che la maggior parte della gente mantiene i propri difetti e non cambia davvero.

Anba Epiphanius risponde: Sono d'accordo in parte perché lei giudica quelli che sono arrivati in monastero dopo di lei. Lei ha visto in che modo sono arrivati ma non sa se in futuro cambieranno o no. Allo stesso tempo, non può giudicare quelli che l'hanno preceduta perché non ha visto in che modo sono arrivati in monastero e come sono cambiati negli anni. In abuna Luqa, malgrado fosse già entrato con tutte le virtù, abbiamo visto una crescita in queste virtù, e tutti lo abbiamo percepito. Anch'io personalmente l'ho percepito. Questo è capitato non solo ad abuna Luqa ma anche ad abuna Zosima, ad abuna Pishoi, ad abuna Theofan e ad abuna Cherubim. A tanti monaci. Vi porto un solo esempio che ho commentato nel libretto pubblicato dal monastero *Ayqūnat maġdin min al-maġmaʿ al-samāwī li-ruhbān dayr anbā maqār* (Icone gloriose della comunità celeste dei monaci del Monastero di San Macario). Abuna Murqus... Chi di voi ha conosciuto la buonanima di abuna Murqus[24]? Sapete che lavoro faceva prima di venire in monastero? Faceva – scusatemi – l'accompagnatore musicale a una ballerina di danza del ventre[25]. Che cosa volete di più? Per le nostre consuetudini, rappresenta la feccia della società. Vi racconto qualcosa del suo carattere. Quando si è fatto monaco non sapeva assolutamente nulla. A spingerlo verso il monachesimo fu semplicemente un'immagine di San Macario. Era seduto in una bettola e una donna gli diede un'immagine. Lui le disse: "Di che si tratta?". Al che lei rispose: "Non sei nazareno tu[26]? Questa è una delle vostre immagini". Venne in monastero e si fece monaco. La buonanima di abuna Kyrillos lo chiamava "il circasso" o "il

---

[24] Il termine arabo di origine siriaca *al-mutanayyiḥ* 'colui che riposa' viene posposto al nome dei defunti. "La buonanima", che ha un che di affettuoso, ci sembra la traduzione italiana più vicina, ma manca dell'elemento della morte vista come riposo. Nei monasteri, dal momento che i monaci portano spesso nomi già utilizzati in precedenza da altri monaci defunti, per distinguere i monaci in vita da quelli defunti, si usa il termine *al-mutanayyiḥ* dopo il nome del monaco, qualora quest'ultimo sia passato a miglior vita.

[25] In Egitto il *ṭabbāl* è visto come una professione altamente degradante, simile, in un certo senso, a quella del "pappone".

[26] *Nuṣrānī* 'nazareno' è il modo in cui generalmente i musulmani chiamano i cristiani.

turco" e diceva: "Questo è turco! Quando si arrabbia con te e la faccia gli si infiamma... scappa!". Era di una violenza inenarrabile. Un carattere che non riuscireste a immaginare. Faceva il *qurbān*[27] in monastero. A me piaceva, dopo il refettorio, fermarmi a lavare i piatti. Per un periodo venne a lavorare in refettorio. Una volta mi accingevo ad andare al lavabo per iniziare a lavare i piatti quando all'improvviso mi aggredì con violenza inaudita. Mi spaventai così tanto che da allora non lavai più i piatti. Questo era abuna Murqus. Quando andò in cielo non gli rimase neanche una minima parte del caratteraccio con cui era entrato in monastero. Riuscite a crederci? Neanche l'un per cento. Si era totalmente trasformato diventando una brezza delicata in mezzo a noi. Diventò di una bellezza inaudita. Quando andò in ospedale, le infermiere musulmane se ne innamorarono alla follia: "Che educazione! Che amore! Che bontà! Che simpatia!". Qualità che non c'erano assolutamente all'inizio del suo percorso monastico. Prima di morire si era trasformato in un uomo nuovo. Per questo è morto giovane. Ha vissuto in monastero solo dieci anni. Ma si è trasformato radicalmente. Il vero peccato è non amare tuo fratello. Nell'esortazione da noi letta poco fa, la maggior parte dei divieti sono volti a contrastare la mancanza di amore.

Non resistere, ma sii piuttosto obbediente e umile d'animo. Si allontanino da te la mancanza di ascolto, la polemica, l'orgoglio, l'invidia, il riso, la gelosia, l'ira, l'alzare la voce, la bestemmia, la diffamazione, il poco lavoro, la confidenza, la litigiosità, il battibecco fondato sulla capacità oratoria, il

---

[27] La pròsfora, ovvero il pane eucaristico.

chiedere raramente consiglio [agli anziani], la mormorazione.

Non notate che si tratta di cose che sono tutte dirette contro l'amore? La cosa più pericolosa è entrare in monastero senza amore e non cercare di far crescere questa virtù. È l'amore che mi dirà come comportarmi, in ogni situazione, con i miei fratelli, con il mio padre confessore e con i dipendenti del monastero. È l'amore a governare tutti i miei comportamenti. Ovviamente anche il mio rapporto con il Signore.

Abbiamo fatto tardi e non mi piace fare tardi. Qualcuno ha ancora qualche domanda o ci fermiamo qui? Auguri ancora ai nuovi monaci e auguri per quest'inizio ufficiale del cammino monastico. L'altrieri è stato celebrato il loro secondo battesimo e adesso sono puri e iniziano a camminare per la loro via. Che noi possiamo rinnovare questo nostro battesimo ogni giorno con Cristo. Auguri! Ora preghiamo...

LA VIA DEI PAGANI:
IL MONACO E IL MONDO[1]

Leggiamo insieme una pericope del Vangelo che verrà proclamato nella Liturgia della festa degli Apostoli:

Chiamati a sé i suoi dodici discepoli, diede loro potere sugli spiriti impuri per scacciarli e guarire ogni malattia e ogni infermità. I nomi dei dodici apostoli sono: primo, Simone, chiamato Pietro, e Andrea suo fratello; Giacomo, figlio di Zebedeo, e Giovanni suo fratello; Filippo e Bartolomeo; Tommaso e Matteo il pubblicano; Giacomo, figlio di Alfeo, e Taddeo; Simone il Cananeo e Giuda l'Iscariota, colui che poi lo tradì. Questi sono i Dodici che Gesù inviò, ordinando loro: "Non andate sulla via dei pagani e non entrate nella città dei samaritani; rivolgetevi piuttosto alle pecore perdute della casa d'Israele. Strada facendo, predicate, dicendo che il regno dei cieli è vicino. Guarite gli infermi, risuscitate i morti, purificate i lebbrosi, scacciate i demòni. Gratuitamente avete ricevuto, gratuitamente date. Non procuratevi oro né argento né denaro nelle vostre cinture, né sacca da viaggio, né due tuniche, né sandali, né bastone, perché chi lavora ha diritto al suo nutrimento" (Mt 10,1-10).

---

[1] Omelia registrata, pronunciata da anba Epiphanius in un incontro con i novizi e i neomonaci nel Monastero di San Macario il 6 luglio 2016, in preparazione per la festa degli Apostoli.

Il versetto su cui mediteremo è "Non andate sulla via delle genti e non entrate nella città dei samaritani". Qual è la via delle genti e qual è la città dei samaritani?

Per noi monaci la via dei pagani è la via del mondo, significa abbandonare la via di Cristo e percorrere la via del mondo. La città dei samaritani, invece, rappresenta la commistione di principi monastici e di insegnamenti mondani. I samaritani erano giudei ma si mescolarono con le genti e le imitarono. Trattennero delle Scritture soltanto il Pentateuco mosaico, abbandonando gli altri libri.

Cerchiamo di fare una lettura monastica di questo versetto a partire dal *Bustān* e cerchiamo di applicare ciò che troveremo nella nostra vita monastica.

Il monaco e la famiglia di origine

> Disse abba Antonio: "Se vuoi salvarti, non entrare nella casa dalla quale sei uscito e non abitare nel villaggio nel quale hai peccato. Non guardare i tuoi genitori né i tuoi parenti secondo la carne, altrimenti vivrai tutto il tuo tempo senza portare frutto"[2].

Sant'Antonio sensibilizzava i monaci a vivere una vita monastica retta e a non ritornare di nuovo sulla via delle genti, dimenticando tutto ciò che avevano abbandonato nel mondo, perfino il padre, la madre, la casa e la città dalla quale erano usciti. Altrimenti, "vivrai tutto il tuo tempo senza portare frutto". Certamente, Sant'Antonio, in qualità di padre spirituale di molti monaci, si è confrontato con questo problema e ha notato che i monaci che erano troppo legati alle loro famiglie vivevano una vita monastica

---

[2] Apoftegma n. 24 del *Bustān* (p. 21).

soltanto apparente: erano presenti con il corpo ma il loro cuore era ancora nella casa che avevano abbandonato. Sappi che talvolta la persona che ha commesso un certo errore sarà posseduto da quest'ultimo e vi resterà intrappolato. Chi cade una volta nel peccato tenderà a resistere meno la seconda e la terza. C'è un detto nel *Bustān* che dice che se satana ti fa cadere una volta in un peccato, è facile per lui farti cadere una seconda volta[3]. Se gli dici "no" la prima volta, ti temerà e dopodiché non riuscirà più ad avvicinartisi.

Esiste questa storia di un monaco virtuoso troppo legato a sua madre, che dice:

> Un altro monaco era molto virtuoso tanto che, con la sua preghiera, esorcizzava i demòni. Aveva una povera madre anziana e avvenne una grande carestia. Il monaco, portando un po' di pane, andò a far visita a sua madre. Dopo essere tornato in cella gli fu portato un posseduto. Alzatosi per pregare su di lui, come di abitudine, satana iniziò a deriderlo dicendo: "Mamma, mamma"[4].

All'inizio il monaco esorcizzava i demòni, ma non appena ha abbandonato la via di Cristo, offrendo di nuovo il proprio cuore alla "via dei pagani", fu deriso e preso in giro dai demòni. Chi esce dal mondo senza tagliare il cordone ombelicale, resterà legato al mondo e a quelli che lo abitano.

Un monaco fu informato che suo padre era morto. Egli

---

[3] Cf. Apoftegma n. 932 del *Bustān* (p. 358): "Disse [abba Barsanufio]: 'Se l'uomo mediante Dio vince la tentazione la prima volta, il nemico non potrà vincerlo in seguito. Se viene sconfitto nella tentazione la prima volta, il nemico, quando vuole, riesce a portarlo all'idolatria facendolo smarrire a tutto il resto'".

[4] Apoftegma n. 339 del *Bustān* (p. 171).

rispose a chi gli aveva portato la notizia dicendo: "Smettila di bestemmiare! Mio Padre è immortale!"[5].

Sappiate che vi arriveranno notizie dal mondo e dalla vostra famiglia che vi turberanno: Tizio è morto, Caio è malato, Sempronio ha dei problemi. Se la vostra famiglia vi vede camminare seriamente sulla via monastica, non ricorrerà a voi. Se invece iniziate a solidarizzare, vi renderà partecipi di tutti i suoi problemi. La cosa avverrà gradualmente. All'inizio diranno: "Prega per noi, abuna". Poi, poco per volta, ti ritroverai a chiedere tu dei loro problemi! All'inizio satana ci incatena con delle cose che sembrano buone. Pregare per la famiglia non è per nulla sbagliato. Ma satana sfrutta questa debolezza in noi per farci ritornare nel mondo.

Il monaco e gli ospiti

Leggiamo la storia di abba Arsenio e della matrona venuta da Roma per salutarlo:

[...] Abba Arsenio si rifiutò che la donna venisse nel deserto. Le trasmise la sua benedizione e le disse[6]: "Ho saputo della tua fatica e del tuo viaggio. Noi preghiamo per te. Non venire perché non voglio vedere viso di donna". Lei non accettò e disse: "Confido in Dio che vedrò il tuo volto angelico. Non ho faticato e non sono venuta per vedere un uomo – ve ne

---

[5] Apoftegma n. 313 del *Bustān* (p. 157). Il Padre immortale è evidentemente Dio Padre.

[6] Dal contesto del detto arabo sembra che si debba capire che tra abba Arsenio e la matrona ci fu una corrispondenza epistolare, forse per tramite del patriarca Teofilo che intercedette presso di lui perché la incontrasse. Il dettaglio è assente nel testo greco che invece rende le parole della matrona, "Lo vedrò!", sotto forma di dialogo interiore.

sono tanti nel mio paese! – ma per vedere un angelo". Ella diede ordine di sellare le cavalcature tanto che venne nel deserto. Quando giunse da lui, abba Arsenio era fuori dalla propria cella. Non appena lo vide, si prostrò ai suoi piedi, ma egli la fece rialzare adirato e dicendo: "Volevi vedermi in faccia? Ecco, mi hai visto. Che cosa ne hai ricavato?". Ma lei, per la vergogna, non riuscì a guardarlo in faccia. Le disse: "Se hai sentito parlare di opere virtuose, adoperati per praticarle e non metterti a girovagare in cerca di chi le pratica". Come hai osato attraversare questi mari? Non sai che sei una donna? Non è bene che tu esca! Forse vuoi andare a Roma a dire alle altre donne: 'Ho visto Arsenio', trasformando il mare in una via per donne che vengono da me?". Gli rispose la matrona: "È per la mia fede, padre, che sono venuta da te e, se Dio vuole, non permetterò che alcuna venga da te. Ma tu prega per me e ricordati di me sempre". Ma egli le rispose con tono di rimprovero dicendo: "No! Anzi io prego Dio di cancellare la tua immagine, il tuo nome, il tuo ricordo e il tuo pensiero dal mio cuore!". La lasciò ed entrò nella sua cella[7].

All'inizio il monaco dà il suo cuore soltanto a un membro della sua famiglia. Poi a due, poi agli amici, poi ai ragazzi di cui è stato catechista, poi ai catechisti... infine, si ritrova con una fiumana di ospiti! I nostri padri anziani ci hanno insegnato che se ti leghi in maniera patologica alla famiglia, questo solidarizzare eccessivo avrà conseguenze nefaste.

Il monaco e i soldi

Leggiamo ancora nella vita di abba Arsenio:

Una volta un uomo di nome Magistriano[8] gli [ad abba

---

[7] Apoftegma n. 94 del *Bustān* (pp. 62-63).
[8] L'arabo probabilmente traduce dal greco e legge il termine

Arsenio] portò un testamento di un uomo nobile della sua stirpe che era morto e gli aveva dato in eredità tantissimi soldi. Quando il santo seppe questo, stava per strappare il testamento quando Magistriano gli cadde ai piedi e lo supplicò di non strapparlo altrimenti gli sarebbe costata la testa. Il santo gli rispose: "Io sono morto da tempo e anche lui è morto!". Con ciò lo lasciò andare e non prese da lui neanche un soldo[9].

Per definizione, il monaco è morto. Per questo non eredita. Forse che un morto può ereditare cose da altri morti? Questo è ciò che ci insegna il *Bustān*. Fate attenzione che le storie che leggiamo nel *Bustān* e che riteniamo essere semplici e ingenue, in realtà non sono affatto da considerare come storielle. È il condensato dell'esperienza dei Padri anziani che hanno vissuto nel deserto e che ci hanno offerto questa loro lunga esperienza.

Se il monaco aderisce davvero a questi principi dall'inizio del suo percorso monastico non inciamperà mai.

Il monaco e il pensiero del mondo

Disse un anziano: "Chi ritorna al mondo [con il pensiero] dopo avergli rinunciato, [rischia due cose]: o cade nelle sue trappole e il suo cuore si contamina con i suoi pensieri, oppure non si contamina ma giudica coloro che sono contaminati e così si contamina anche lui"[10].

Che cosa significa? Il senso è che se il monaco torna di nuovo sulla via dei pagani, satana non lo lascerà in pace. Allora o il monaco cade di nuovo nei peccati nei quali giaceva

---

magistrianós come un nome e non come una carica, ovvero quella di messaggero militare. Inoltre storpia il nome rendendolo Ğisriānūs.

[9] Apoftegma n. 115 del *Bustān* (p. 70).

[10] Apoftegma n. 345 del *Bustān* (p. 174).

prima dell'ingresso in monastero oppure inizia a giudicare i suoi fratelli. Ma se chiudiamo gli occhi sin dall'inizio, stando lontani dalla via dei pagani e dalla città dei samaritani, non perderemo mai di vista la Gerusalemme celeste.

Vi ricordate di Sant'Antonio, quando andavano a fargli visita degli ospiti? Chiedeva prima di tutto al suo discepolo di dove fossero. Se rispondeva: "Vengono dall'Egitto", ovvero dalla via dei pagani, rispondeva: "Prepara loro da mangiare e poi congedali". Ma se diceva: "Vengono da Gerusalemme", nel senso che cercavano il Regno dei cieli, allora li ospitava e diceva loro una parola spirituale[11].

Il monaco e gli affetti familiari

Leggiamo un altro detto:

Un monaco aveva un fratello laico[12] che aiutava con il proprio lavoro, e più lo aiutava, più egli diventava povero[13]. Il monaco, allora, andò a informare uno degli anziani. Gli disse: "Se vuoi darmi ascolto, non dargli più niente, ma digli: 'Quando avevo, te ne davo. Ma ora, quello che riesci a guadagnare, dallo tu a me'. Tutto quello che ti dà, dallo ai poveri e chiedi loro di pregare per lui". Quando venne suo fratello laico, gli disse come gli aveva detto l'anziano. Se ne partì rattristato. Il terzo giorno, gli portò un po' di ortaggi grazie al suo lavoro. Il monaco li prese e li diede agli anziani e chiese loro di pregare per lui. Quando tornò la seconda volta, gli portò un po' di legumi e tre pagnotte. Il monaco li prese e fece come aveva fatto all'inizio. Quando venne la terza volta, gli portò cose costose come il vino e il pesce. Quando il monaco vide ciò, si

---

[11] Cf. *SL*, 21 (pp. 101-102).

[12] Dal contesto si capisce che si tratta del suo fratello di sangue.

[13] A diventare sempre più povero era il fratello laico.

meravigliò. Chiamati i poveri, diede loro da mangiare e disse a suo fratello: "Hai bisogno di un po' di pane così che te ne dia?". Gli rispose l'altro: "No, fratello. Poiché quando prendevo qualcosa da te, era come un fuoco che entrava nella mia casa e la bruciava, come pulviscolo che il vento si porta via e che non trovo più. Ma da quando ho smesso di prendere qualcosa da te, Dio mi ha benedetto". Il monaco andò e raccontò all'anziano tutto ciò che era successo. Disse l'anziano: "I beni del monaco sono fuoco: ovunque entrino, bruciano"[14].

Due annotazioni riguardo a questo detto: 1. il monaco è ispirato ad andare a svelare al padre confessore ciò che intendeva fare. In questo modo, Dio l'ha custodito e lo ha salvato; 2. "I beni del monaco sono fuoco: ovunque entrino, bruciano". La domanda qui è: perché quando il monaco dava ai poveri, i suoi beni non bruciavano mentre bruciava se ne dava ai parenti? Perché, nel secondo caso, dava a causa del suo affetto familiare e dei legami di sangue.

Il monaco e la curiosità

> Una volta disse abba Giuseppe a proposito dell'amore: "Un fratello andò da abba Agatone e trovò che aveva un ago da cucire. Al fratello piacque perché era di buona qualità. L'anziano non lo lasciò andar via senza di esso"[15].

Voglio rileggere questa storia in un altro modo: un monaco era seduto nella sua cella e fu preso dallo spirito dell'acedia. Annoiatosi della sua routine quotidiana, disse a se stesso: "Me ne vado in un altro monastero". Lì vide cose

---

[14] Apoftegma n. 364 del *Bustān* (p. 179).
[15] Apoftegma n. 151 del *Bustān* (p. 84).

che nel suo monastero non c'erano. Allora si disse: "Queste cose me le porterò con me"... "Non andate per la via dei pagani". Qual è l'importanza di ciò? Ogni comunità ha il suo sistema, ha le sue tradizioni, le sue peculiarità. Satana viene e combatte il monaco dicendogli: "Guarda quello che fanno negli altri monasteri. Guarda come gestiscono le cose. Guarda come pregano. Guarda le lodi del mattino. Guarda cosa mangiano...". Il monaco, allora, cerca di accaparrarsi tutto ciò che ha visto senza discernere ciò che si adatta all'organizzazione del proprio monastero. Satana combatte sempre le persone con cose buone. Che un monaco veda in altri monasteri qualcosa che manca nel proprio non è di per sé sbagliato. Il pericolo sta nel fatto che satana inizia ad aprirgli gli occhi e così lo sottrae, poco alla volta, alla vita che sta effettivamente vivendo nel suo monastero. E così, invece di essere geloso della vita di preghiera, di santità e di adorazione che vede negli altri, si attacca all'ago senza alcun valore che hanno gli altri. Forse gli altri hanno un'organizzazione migliore della nostra ma si adatta a loro. Perché chiedi di applicarla da noi? Il sacerdozio per loro è cosa buona. Perché aneli ad applicare le loro stesse regole anche da noi? Il servizio di per sé non è sbagliato. Ma loro lo declinano a loro modo. Per questo dico: vivi secondo la disposizione del tuo monastero. Il monastero è gestito in modo peculiare. Obbedisci al monastero. Se non ti piace la maniera in cui il monastero viene gestito, perché ti sei legato e sei entrato proprio in questo monastero?

Vogliamo tornare alla nostra disposizione originaria: niente sacerdozio. Chi è stato ordinato, ormai è stato ordinato. Dio lo benedica. Ma non conferiremo più il sacerdozio, a meno che non ce ne sia un reale bisogno. Vivremo da monaci. Il sacerdozio non è né sbagliato né una cosa di cui vergognarsi. Ma vogliamo vivere il monachesimo di Sant'Antonio e di San Macario, un monachesimo semplice, nel quale siamo tutti fratelli alla pari, senza discriminazione né differenze tra uno e l'altro.

Il monaco e il refettorio

Leggiamo il detto di abba Anub e abba Poemen e i loro sette fratelli:

Si diceva che c'erano sette fratelli di un solo ventre. Tutti divennero monaci a Scete. Quando vennero i barbari e devastarono Scete per la prima volta, si spostarono da lì e andarono in un altro posto chiamato Ternuti. Rimasero lì in un tempio pagano per alcuni giorni. Allora abba Anub disse ad abba Poemen: "Stiamo tutti in silenzio, ognuno per conto suo. Nessuno parli assolutamente con gli altri per una settimana". Gli rispose abba Poemen: "Facciamo come comandi". E fecero tutti così. In quella casa c'era un idolo di pietra. Abba Anub si svegliava la mattina e riempiva di terra la faccia dell'idolo. La sera, poi, diceva all'idolo: "Perdonami". Così faceva per tutta la settimana. Trascorsa la settimana, abba Poemen disse ad abba Anub. "Questa settimana, fratello, ti ho visto che ti svegliavi la mattina e riempivi di terra la faccia dell'idolo e alla sera gli dicevi: 'Perdonami'. Forse che così fanno i monaci?". Rispose abba Anub: "Dal momento che mi avete visto infangargli la faccia, [ti chiedo:] si è arrabbiato?". Rispose: "No". Disse: "Quando gli ho chiesto perdono, ha detto forse: 'Non ti perdono'?". Disse: "No". Disse dunque abba Anub ai fratelli: "Ecco, noi siamo sette fratelli. Se volete che viviamo gli uni con gli altri, diventiamo come questo idolo a cui non importa né la gloria né l'umiliazione.

Se non volete essere così, ecco quattro strade di fronte a voi. Ognuno se ne vada dove vuole". Risposero i suoi fratelli: "Apparteniamo a Dio e a te. Ubbidiamo alla tua volontà". Ne scelsero uno che si occupasse della tavola e tutto ciò che offriva loro lo mangiavano, e nessuno di loro disse: "Porta qualcos'altro". Né nessuno di loro disse: "Questo non lo vogliamo o quello non ci piace". Abba Giacomo li guidava nella disposizione del loro lavoro manuale. Abba Poemen, invece, era un maestro per loro sulla via della virtù. Così trascorsero i loro giorni in pace[16].

Ciò che voglio dire, a proposito di questo detto, è che il nostro stare insieme in refettorio ci unisce. Il cibo se è assunto con rendimento di grazie è santificato dalla Parola di Dio e della preghiera (cf. 1Tm 4,4-5). Il cibo che viene portato in refettorio, non appena preghiamo, è santificato. Perciò ci sono monaci che ci tengono a pregare prima di mangiare perché è questo che abbiamo imparato in monastero: pregare l'ora nona prima di mangiare. Se abbiamo pregato, il cibo che abbiamo davanti non è più fūl[17], lenticchie o biṣāra[18] ma un cibo santificato che ci unisce gli uni con gli altri. Perciò è un gran peccato che alcuni non considerino più il refettorio come parte della loro vita monastica. Costoro perdono la benedizione della "santa unità" nell'unico pasto insieme agli altri fratelli.

Vi prego di santificare il refettorio, fin dall'inizio della vostra vita monastica. Non sottovalutate il fatto di presenziare, fintantoché avete la possibilità di farlo e non avete

---

[16] Apoftegma n. 258 del *Bustān* (pp. 138-139).

[17] Fave secche bollite.

[18] Tipica zuppa egiziana fatta con fave secche, mulūḫiyya e menta fresca.

problemi particolari. Non assentarti dal refettorio. Il refettorio è capace di dare al cibo nella nostra bocca un sapore diverso di quando lo consumiamo al di fuori. Sì, si tratta di un cibo santificato. Questo è ciò che ha fatto abba Giacomo, abba Anub, abba Poemen e i loro fratelli. Hanno vissuto una vita cenobitica insieme. Il *Bustān* non ci dice che abbiano avuto mai divergenze. E anche qualora ci fossero state, l'amore è stato capace di farli riavvicinare di nuovo. Essi hanno abbandonato la "via dei pagani" e la "via dei samaritani" e hanno aderito alla via che porta a Gerusalemme.

Ricordo che, quando sono stato al Monastero di Bose, in Italia, l'allora priore Enzo Bianchi ci preparò un'agàpe a cui parteciparono molte chiese cristiane e abati di paesi diversi. Prima di mangiare pregammo e, non appena finita la preghiera, dissi a padre Enzo con spontaneità e trasporto spirituale: "Adesso che abbiamo pregato, il cibo è stato santificato mediante la nostra preghiera. Quando verrà il momento nel quale possiamo comunicarci insieme all'unico Pane?". Uno dei vescovi che era a fianco a noi sentì il discorso e disse: "Questa è una cosa, e quella un'altra!". Dopo aver finito di mangiare, padre Enzo disse ai monaci del suo monastero: "Questo metropolita lo conosciamo da tanto tempo. Eppure quest'abuna del Monastero di San Macario che vediamo per la prima volta ci è più familiare di lui".

CHE COSA SIGNIFICA "ODIARE LA FAMIGLIA"?[1]

Il Vangelo di oggi parla della sequela di Cristo:

> Una folla numerosa andava con lui. Egli si voltò e disse loro: "Se uno viene a me e non odia suo padre, la madre, la moglie, i figli, i fratelli, le sorelle e perfino la propria vita, non può essere mio discepolo. Colui che non porta la propria croce e non viene dietro a me, non può essere mio discepolo" (Lc 14,25-27)[2].

Queste parole riguardano ogni persona che vuole diventare un vero discepolo del Signore Gesù Cristo, ma prima di tutto noi monaci. Ma che cosa si intende qui con *miséō*, "odiare"? Si intende provare un sentimento di disprezzo? Cercheremo di offrire la risposta che ci dà la Chiesa, attraverso le letture del giorno. Nella prima lettura, ovvero nella lettera paolina, leggiamo:

> Paolo e Silvano e Timòteo alla Chiesa dei Tessalonicesi che è in Dio Padre nostro e nel Signore Gesù Cristo: a voi, grazia e pace da Dio Padre e dal Signore Gesù Cristo. Dobbiamo sempre rendere grazie a Dio per voi, fratelli, come è giusto, perché la vostra fede fa grandi progressi e l'amore di ciascuno di voi verso gli altri va crescendo (2Ts 1,1-3).

---

[1] Omelia sul Vangelo della terza domenica del mese di hatur (Lc 14,25-35), pronuncia il 26 novembre 2017.

[2] Traduzione nostra. La CEI "edulcora": "...e non mi ama più di quanto ami suo padre...".

Il Vangelo parla di "odiare", mentre la Chiesa ci offre come prima lettura una pericope paolina che parla dell'amore! La Chiesa vuole così dirci che Cristo, nel Vangelo, non intende con "odiare" il disprezzo della famiglia. Bisogna, cioè, capire diversamente.

Lo stesso filo conduttore lo ritroviamo nella lettera cattolica:

> La fine di tutte le cose è vicina. Siate dunque moderati e sobri, per dedicarvi alla preghiera. Soprattutto conservate tra voi un amore fervente, perché l'amore copre una moltitudine di peccati (1Pt 4,7-8).

La Chiesa, dunque, ci offre queste due letture che parlano dell'amore. Che cosa vuole dirci la Chiesa? Che con "odiare" non bisogna intendere disprezzare la famiglia ma tutto ciò che ci ostacola dall'essere discepoli del Signore Gesù e dal dedicarci totalmente a portare la sua croce. Il Signore vuole che noi odiamo tutti quei rapporti secondo la carne che si pongono come ostacoli tra noi e la nostra piena vita in Cristo.

Torniamo alle parole del Signore Gesù. Egli dice all'inizio: "Se uno viene a me e non odia...". Qui si parla di "sequela" e non di disprezzo. Dopo queste parole, il Signore offre due parabole come illustrazione del suo discorso. La prima parabola riguarda la costruzione della torre (cf. Lc 14,28-30). Chi vuole costruire una torre, ovvero la propria vita interiore in vista della sequela e della consacrazione totale al Signore, deve calcolarne il costo, ovvero decidere in cuor suo prima di iniziare: "Intendo davvero seguire completamente il Signore, oppure inizio e poi non porto a termine perché ho lasciato nella mia vita cose che ostacolano la mia totale dedizione a costruire la mia vita interiore?". Una persona del genere vuole costruire la torre ma ha lasciato nel cuore cose che gli impediscono di costruire. Le sue relazioni terrene lo rallentano nel portare a termine la costruzione. Così, diventa oggetto di scherno da parte di coloro l'hanno preceduto sulla via e che hanno faticato nel costruire la torre della propria vita.

La seconda parabola raccontata dal Signore Gesù Cristo parla di un uomo che si è arruolato dalla parte del Signore ed è uscito a combattere i suoi nemici (cf. Lc 1,31-32). Tutti ci siamo arruolati con il Signore e siamo usciti a combattere il nostro nemico che sta in agguato aspettando il momento opportuno per farci cadere nelle sue trappole e farci perdere la battaglia. Chi ha consacrato se stesso per la lotta in compagnia del Signore deve pensare alle sue possibilità che il Signore Gesù chiama "diecimila uomini". Riesce a combattere il nemico che avanza con ventimila uomini? Se non ce la fa, invii un'ambasciata per chiedere la fine delle ostilità. Ovvero abbandoni la via della lotta e stipuli un armistizio.

La domanda da porci qui è: dobbiamo davvero abbandonare la lotta perché il nemico è più forte di noi ed è capace di sconfiggerci ogni giorno e in ogni momento? La risposta ci viene dal Praxeis[3] di oggi. Negli Atti leggiamo oggi di come la sinagoga giudaica si fosse coalizzata contro i discepoli. Questa è la guerra di cui parla il Signore. È una guerra aspra. La sinagoga giudaica decide di eliminare i discepoli. Ma, in mezzo all'assemblea, si alza uno dei dottori, Gamaliele, che dice:

---

[3] Lettura tratta dagli Atti degli Apostoli.

Uomini d'Israele, badate bene a ciò che state per fare a questi uomini. Tempo fa sorse Tèuda, infatti, che pretendeva di essere qualcuno... ma fu ucciso... Dopo di lui sorse Giuda il Galileo, al tempo del censimento... ma anche lui finì male... Ora perciò io vi dico: non occupatevi di questi uomini e lasciateli andare. Se infatti questo piano o quest'opera fosse di origine umana, verrebbe distrutta; ma, se viene da Dio, non riuscirete a distruggerli. Non vi accada di trovarvi addirittura a combattere contro Dio! (At 5,35-39)

La Chiesa vuole rassicurarci: anche se abbiamo soltanto diecimila uomini, Dio farà sorgere per noi colui che ci sosterrà lungo la strada per tutta la vita, anche se dovesse attaccarci un nemico che ha ventimila uomini.

Il *Bustān* ci aiuta a comprendere meglio ciò che stiamo dicendo. Innanzitutto, sulla lotta spirituale in quanto "guerra":

Raccontò un anziano che una notte, mentre pregava nel deserto interiore, sentì un forte squillo di tromba come fossero trombe di guerra. Si meravigliò pensando che il deserto era disabitato e che non vi era nessuno. Da dove proveniva, dunque, quel suono di tromba? Forse che si preparava una guerra? Ed ecco che satana gli si parò dinnanzi e, ad alta voce, gli disse: "Sì, monaco! È guerra! Se vuoi, combatti. Altrimenti consegnati ai tuoi nemici!"[4].

Ovvero: se non riesci a combattere, consegnati ai nemici. Eppure lo stesso *Bustān* ci offre un'altra storia che deve consolarci. È la storia di un monaco:

Il combattimento era talmente forte che cadeva nella fornicazione tante volte. Perseverò nel farsi violenza e nel pazientare

---

[4] Apoftegma n. 701 del *Bustān* (p. 283).

per non abbandonare lo schema (l'abito) monastico e compiva il suo canone[5] e le preghiere delle ore con meticolosità [...] [Pregava costantemente umiliandosi affinché Dio avesse misericordia di lui...] Un giorno, mentre era assorto in questa preghiera, satana si stancò della sua buona speranza e della sua lodevole sfrontatezza e gli apparve faccia a faccia, mentre era intento a recitare i salmi. Gli disse: "Non ti vergogni di stare di fronte a Dio e di pronunciare il suo nome con la tua bocca sudicia?". Il monaco gli rispose: "Non è vero forse che tu colpisci con un martello e io con un altro? Tu mi fai cadere nel peccato e io chiedo al Dio misericordioso di trattarmi con tenerezza. Io, dunque, mi batterò con te in questa lotta fino a che non mi raggiunga la morte. E non smetterò di sperare nel mio Dio e di essere pronto per te. Vedrai chi vincerà: tu o la misericordia di Dio"[6].

Le letture della Liturgia di oggi ci dicono che siamo in guerra e che abbiamo soltanto diecimila uomini. Ma ci dicono anche che Dio ci viene in soccorso se vede che noi combattiamo con tutto il cuore, dopo aver tagliato quelle relazioni secondo la carne che rallentano il nostro procedere.

Infine, ecco il commento del Signore Gesù in conclusione alla pericope di oggi. Dice:

Buona cosa è il sale, ma se anche il sale perde il sapore, con che cosa verrà salato? Non serve né per la terra né per il concime e così lo buttano via. Chi ha orecchi per ascoltare, ascolti! (Lc 14,34-35).

---

[5] Il canone, in arabo qānūn, è la regola personale del monaco che gli viene affidata dal padre spirituale.

[6] Apoftegma n. 692 del *Bustān* (p. 280).

La via della lotta e del discepolato è santa e lodevole. Ma se procediamo in questa via con negligenza, ovvero "se il sale perde sapore", non serviremo più a nulla. Quando un laico offre qualcosa a Dio lo fa di solito a partire dalle sue necessità e dai suoi bisogni. Ma noi abbiamo come responsabilità quella di offrire tutta la nostra vita a Dio. Se non offriamo tutto, è indice che il sale che doveva insaporire tutto ciò che aveva attorno ha perso sapore. "Buona cosa è il sale, ma se anche il sale perde il sapore, con che cosa verrà salato?". Il monaco che rinuncia a consegnare a Dio tutta la propria esistenza non serve né alla terra né come concime, e si butta via. Il monaco che abbandona la via della lotta, pensando che basta stare in un monastero per vivere una vita monastica e per vincere alla fine, viene messo in guardia dal Signore Gesù. Egli mette in guardia tutti noi. Quando offriamo a Dio la minima cosa, lo troviamo al nostro fianco. Ma a colui che cerca di creare relazioni secondo la carne al di fuori della vita monastica, che siano caratterizzate da scopi materiali o di altro tipo e che possono rappresentare degli ostacoli sulla via della sequela, il Signore dice: "Buona cosa è il sale, ma se anche il sale perde il sapore non serve più a nulla".

Il Signore abbia pietà di noi e ci confermi sulla via fino all'ultimo respiro. E a Dio la gloria, ora e sempre. Amen.

TRA ABBA GIOVANNI KOLOBOS, GIUSEPPE, FIGLIO DI GIACOBBE, E IL SIGNORE GESÙ: L'IMPORTANZA DELL'OBBEDIENZA NELLA VITA MONASTICA[1]

Oggi celebriamo la festa di San Giovanni Kolobós[2], simbolo dell'obbedienza monastica nella tradizione copta. La sua obbedienza ad Amoe, suo padre spirituale, è come l'obbedienza di Giuseppe, un'obbedienza sconfinata, come quella di Cristo nei confronti del suo Padre, un'obbedienza scevra di ambizioni personali, un'obbedienza che non disdegna le fatiche e che, addirittura, poteva condurlo alla morte. Ma ha obbedito fino a quel punto, fino alla morte.

La storia di Giuseppe è nota ma vorrei trattarla oggi da una prospettiva particolare che tocca la nostra vita monastica. La Scrittura parla di Giacobbe, che andò ad abitare nella terra di Canaan, e della sua discendenza. Ma dei suoi figli parla in dettaglio solo di Giuseppe (cf. Gn 37,1-20). La domanda da porci è: perché Giacobbe "amava Giuseppe più di tutti i suoi figli" (Gn 37,3)? Pare che i suoi fratelli fossero moralmente riprovevoli. Israele, poi, amò Giuseppe più degli altri figli perché era figlio della sua vecchiaia. Ma

---

[1] Discorso pronunciato ai monaci in occasione della festa di san Giovanni Kolobós, il 30 ottobre 2016.

[2] Cf. nota 33, p. 38.

qualcuno potrebbe obiettare: anche Beniamino era figlio della sua vecchiaia, ed era più piccolo di Giuseppe. Perché, allora, Giuseppe fu amato più di Beniamino? Le Scritture non ce lo dicono ma San Giovanni Crisostomo prova a offrire un'interpretazione dicendo che, se la grazia del Signore non fosse stata evidente su Giuseppe, suo padre non l'avrebbe amato più di Beniamino[3]. È, dunque, chiaro che suo padre lo amava perché Giuseppe portava in sé una peculiarità, e non soltanto perché era figlio della sua vecchiaia. "Fece per lui una tunica colorata[4]" (Gn 37,3), ovvero lo coprì come un abito speciale, fatto da lui. "I suoi fratelli, vedendo che il loro padre amava lui più di tutti i suoi figli, lo odiavano e non riuscivano a parlargli amichevolmente" (Gn 37,4). Fate attenzione al termine "lo odiavano" perché lo commenteremo in seguito. Prima lo odiarono, e poi non riuscivano a parlargli amichevolmente. Ciò significa che se rivolgeva loro la parola, rispondevano con freddezza estrema, senza alcun saluto. Giuseppe iniziò a fare sogni. Nel primo di questi sogni era in un campo e ognuno aveva un covone. E tutti i covoni si prostrarono a quello di Giuseppe. Giuseppe raccontò il sogno ai fratelli e i fratelli gli

---

[3] "Fu una grazia particolare che proveniva dall'alto che rese il giovane amabile e lo rese preferibile a tutti gli altri a motivo della virtù della sua anima" (Giovanni Crisostomo, *Omelie sulla Genesi*, 61.3).

[4] La traduzione araba della Bibbia Smith e Van Dyck, usata dall'autore, rende l'ebraico *passîm* con *mulawwana* "colorata", similmente alla traduzione copta bohairica che dice *aouiaouan* cioè "policroma", riprendendo il termine greco della Settanta *poikílos*. La Vulgata dice tunica *polymita* ovvero "tunica damascata". Anche la traduzione inglese King James traduce *of many colours*. La CEI, con una scelta piuttosto insolita, traduce invece "con maniche lunghe".

dissero: "'Vuoi forse regnare su di noi o ci vuoi dominare?'. Lo odiarono ancora di più a causa dei suoi sogni e delle sue parole" (Gn 37,8). Poi tornò a sognare. Stavolta sognò il sole, la luna e undici stelle che si prostravano a lui: "Lo narrò dunque al padre e ai fratelli. Ma il padre lo rimproverò e gli disse: 'Che sogno è questo che hai fatto! Dovremo forse venire io, tua madre e i tuoi fratelli a prostrarci fino a terra davanti a te?'. I suoi fratelli perciò divennero invidiosi di lui" (Gn 37,10-11). Questa è la quarta volta che la Scrittura registra parole negative sui fratelli. Suo padre, invece, "tenne per sé la cosa" (Gn 37,11). Dopodiché andarono a pascolare il gregge del loro padre sulla montagna. Fattosi tardi, suo padre si preoccupò per loro e disse a Giuseppe: "Va' a vedere come stanno i tuoi fratelli e come sta il bestiame, poi torna a darmi notizie" (Gn 37,14). Giuseppe rispose: "Eccomi!" (Gn 37,13). La risposta è strana e all'apparenza illogica. Innanzitutto, poteva rifiutarsi o mettersi a discutere. Quattro volte dice la Scrittura che lo odiarono e lo invidiarono e che tra Giuseppe e i fratelli non c'era pace. In secondo luogo, i fratelli si trovavano nel territorio di Sichem, terra nemica. Inoltre, la distanza da percorrere è di quasi cento chilometri e sarebbe andato senza scorta. Infine, essi meritavano forse che qualcuno portasse loro del cibo? Tutti questi punti ci fanno dire che la missione era sbagliata e rendono la risposta di Giuseppe assurda: "Gli disse: 'Eccomi!'". Non si oppose.

> Lo fece dunque partire dalla valle di Ebron ed egli arrivò a Sichem. Mentre egli si aggirava per la campagna, lo trovò un uomo, che gli domandò: "Che cosa cerchi?". Rispose: "Sono in cerca dei miei fratelli. Indicami dove si trovano a

pascolare". Quell'uomo disse: "Hanno tolto le tende di qui; li ho sentiti dire: 'Andiamo a Dotan!'". Allora Giuseppe ripartì in cerca dei suoi fratelli e li trovò a Dotan (Gn 37,14-17).

Qui la sua missione era terminata di per sé. Suo padre gli aveva detto di andare a Sichem. Egli era andato a Sichem e non li aveva trovati. Se avesse detto a suo padre ciò, non sarebbe stato nel torto. D'altronde, da Sichem a Dotan ci sono circa 25 chilometri.

"Essi lo videro da lontano e, prima che giungesse vicino a loro, complottarono contro di lui per farlo morire" (Gn 37,18). Ed eccolo, questo loro fratello che aveva informato il padre della loro mormorazione, a cui il padre aveva dato una tunica colorata, invidiato e odiato.

"Si dissero l'un l'altro: 'Eccolo! È arrivato il signore dei sogni! Orsù, uccidiamolo e gettiamolo in una cisterna! Poi diremo: 'Una bestia feroce l'ha divorato!'. Così vedremo che ne sarà dei suoi sogni!'" (Gn 37,19-20). Ecco la storia assurda di Giuseppe.

Giuseppe, tipo cristologico

La storia di Giuseppe è l'immagine di qualcosa che leggiamo altrove nella Sacra Scrittura:

Abbiate in voi gli stessi sentimenti di Cristo Gesù: egli, pur essendo nella condizione di Dio, non ritenne un privilegio l'essere come Dio, ma svuotò se stesso assumendo una condizione di servo, diventando simile agli uomini. Dall'aspetto riconosciuto come uomo, umiliò se stesso facendosi obbediente fino alla morte e a una morte di croce. Per questo Dio lo esaltò e gli donò il nome che è al di sopra di ogni nome, perché nel nome di Gesù ogni ginocchio si pieghi nei cieli, sulla terra e sotto terra, e ogni lingua proclami: 'Gesù Cristo è

Signore!', a gloria di Dio Padre (Fil 2,5-11).

Cristo è il Figlio amato dal Padre, in mezzo ai suoi fratelli, ovvero in mezzo all'umanità intera, a cui il Padre ha dato una tunica colorata, ovvero lo ha differenziato da tutta la creazione in quanto *Monogenḗs*, "Unigenito".

Non ritenne un privilegio l'essere come Dio.

Cristo non ha bisogno di essere come Dio poiché egli lo è in verità. Egli è, infatti, uguale a Dio ed è anche il Figlio amato di suo Padre.

L'umanità è stata sorpresa dal fatto che, nello spazio-tempo, Dio ha voluto inviare il Figlio in cerca dei suoi fratelli – non siamo forse noi i suoi fratelli? – e la risposta del Figlio è stata: "Eccomi, manda me!", come ha detto Isaia, con lo spirito profetico: "Poi io udii la voce del Signore che diceva: 'Chi manderò e chi andrà per noi?'. E io risposi: 'Eccomi, manda me!'" (Is 6,8). Cristo poteva forse dire: "No, non vado"? Certo, la ragione ci dice che avrebbe potuto. Avrebbe potuto dire al Padre: "Sei tu ad aver creato gli uomini, sei tu che li hai distinti dal resto della creazione, dando loro potere su di essa. Guarda quante grazie hai dato ad Adamo in Paradiso ma ciononostante Adamo e la sua discendenza hanno peccato, passando di peccato in peccato. Abbiamo provato a correggerlo ma è stato tutto inutile". Avrebbe potuto dire al Padre: "Non hai visto ciò che hanno fatto i fratelli a Giuseppe quando è andato a cercarli? L'hanno ucciso! La stessa cosa potrebbe accadere anche al tuo Figlio". Il Padre lo sapeva. Ma ha inviato comunque suo Figlio perché ci ama.

Eppure Cristo non ha risposto così al Padre. La risposta è stata: obbedienza.

Ma svuotò se stesso assumendo una condizione di servo, diventando simile agli uomini.

Il Figlio unigenito, il Figlio amato, ha abbandonato la casa di suo Padre ed è venuto a cercare i suoi fratelli.

Dall'aspetto riconosciuto come uomo, umiliò se stesso facendosi obbediente fino alla morte e a una morte di croce.

Non è questo ciò che ha fatto Giuseppe? Ha obbedito fino alla morte, a una morte vera. La storia di Giuseppe ci dice che i suoi fratelli l'hanno preso e gettato nel pozzo. È un simbolo di morte. Dopo fu tirato fuori dal pozzo. Il percorso di mortificazione che ha compiuto Giuseppe è durato tredici anni, un percorso fatto di tormenti, di carcere, di umiliazioni. Ma alla fine la sua tribolazione ha avuto fine. Queste parole riguardano sia Cristo che Giuseppe. Di Giuseppe si disse che in Egitto era il secondo dopo il faraone. Di Cristo la Scrittura dice che "per questo Dio lo esaltò e gli donò il nome che è al di sopra di ogni nome, perché nel nome di Gesù ogni ginocchio si pieghi nei cieli, sulla terra e sotto terra, e ogni lingua pro-clami: 'Gesù Cristo è Signore!', a gloria di Dio Padre".

Giovanni Kolobós, uomo cristificato

Tutto questo si applica a San Giovanni Kolobós di cui celebriamo oggi la festa. Di lui dice il *Bustān*:

[Giovanni Kolobós] andò da un anziano tebano che abitava nel deserto e divenne suo discepolo. Avvenne che il suo maestro gli diede un ramo secco e gli comandò di piantarlo e di innaffiarlo ogni giorno con una giara d'acqua.

L'acqua era lontana da loro[5].

Notate qui che il discorso sembra illogico. Giacobbe inviò suo figlio Giuseppe, il Padre inviò il suo Figlio unigenito. Lo stesso fece in maniera irrazionale l'anziano con san Giovanni.

Partiva di sera e tornava il giorno dopo[6].

Immaginate la distanza! Viaggiava tutta la notte per andare a innaffiare un ramo secco!

Dopo tre anni il ramo inverdì[7].

Chi sopporterebbe una cosa del genere per tre anni? Per questo Giovanni ha meritato che si dicesse di lui che era capace di tenere tutta Scete su un dito, come fosse una goccia d'acqua[8]. Perché? Che cosa fece Giovanni più di Antonio o di Macario tanto che teneva appesa al dito tutta Scete? Fece ciò che fece il Signore Gesù Cristo quando obbedì perfettamente al Padre. Anche se si trattava di discorsi apparentemente irrazionali, egli obbedì alla perfezione.

Dopo tre anni il ramo inverdì e diede frutto. Lo portò all'anziano che, presolo, lo portò in chiesa e disse ai fratelli: "Prendete mangiate il frutto dell'obbedienza"[9].

---

[5] Apoftegma n. 223 del *Bustān* (p. 122).

[6] Ibid.

[7] Ibid.

[8] Cf. *Alfabetica,* Giovanni Nano 36. La metafora della goccia d'acqua è tratta dalla dossologia dedicata a Giovanni Kolobós che dice: "...tanto che per mezzo della tua umiltà e della tua vita angelica hai tenuto sospesa tutta Scete sul tuo dito, come una goccia d'acqua".

[9] Ibid.

Abbiamo un altro detto che è esattamente il rovescio di questo. Si trova nella collezione dei detti anonimi. La storia racconta di un anziano molto importante che si ammalò. Chiese all'abate del monastero di potersi curare fuori dal monastero. L'abate gli disse: "Aspetta un po' e ti porteremo un medico in monastero perché ti curi". L'anziano rispose: "Ma smettila! Sono un anziano io!". L'abate non rispose nulla. L'anziano andò allora in Egitto per farsi curare. Satana lo fece cadere in peccato e tornò in monastero soltanto dopo che la donna con cui si era intrattenuto partorì un figlio. Venuto in monastero, suonò la campana e disse ai fratelli: "Prendete: ecco il frutto della disobbedienza"[10].

Non è un caso che San Giovanni Kolobós fosse molto colpito dalla storia di Giuseppe. Leggiamo:

> Una volta [Giovanni Kolobós] chiese ai fratelli: "Chi ha venduto Giuseppe?". Gli risposero: "I suoi fratelli". Disse: "Non furono i suoi fratelli a venderlo ma la sua umiltà. Poteva infatti dire a colui che l'aveva comprato che era loro fratello ma tacque e fu venduto per la sua umiltà. E con quella stessa umiltà divenne amministratore del re d'Egitto"[11].

San Giovanni era toccato dalla storia di Giuseppe perché la vedeva riflessa nella sua vita e per questo ne parlava ai suoi figli spirituali nel deserto.

C'è un detto nel *Bustān* che conosciamo tutti a memoria. È di abba Iperechio. Dice:

> L'obbedienza è il vanto del monaco. Colui che l'acquisisce, Dio ascolta la sua voce, e sta davanti alla Croce del Signore

---

[10] Cf. N 187.
[11] Apoftegma n. 240 del *Bustān* (p. 126).

della gloria con confidenza perché egli, per l'obbedienza a suo Padre, è stato crocifisso per noi[12].

L'obbedienza non serve all'abate o al confessore. Se l'abate ti chiede di fare un certo lavoro e tu rifiuti, il monastero non ci perde. Ipotizziamo che il padre confessore dia una certa indicazione al monaco. Il povero monaco pensa di essere più esperto del suo confessore e che la sua indicazione sia inutile. Inizia allora a discutere e a polemizzare. In questo, il monastero non ha perso. Ad aver veramente perso è il monaco. Ha perso l'occasione di obbedire. Il monachesimo si basa su tre cose: obbedienza, povertà volontaria e castità. Ma prima di tutte viene l'obbedienza. Ci sono numerose storie nel *Bustān* sulla disobbedienza che seguono uno stesso schema: il monaco non accetta il consiglio spirituale, vive secondo la sua volontà, poi si inorgoglisce e, infine, gli appare satana che lo conduce alla perdizione[13]. L'obbedienza benefica il monaco, non il monastero. Disse un monaco:

Colui che siede in obbedienza a un padre spirituale riceve un premio maggiore ed è in minor pericolo di colui che siede da eremita nella solitudine e nel silenzio[14].

Tornando al detto di abba Iperechio vediamo come egli indichi Cristo che "umiliò se stesso facendosi obbediente fino alla morte e a una morte di croce". L'obbedienza non gli fece ottenere qualcosa di terreno ma lo portò alla Croce.

---

[12] Apoftegma n. 859 del *Bustān* (p. 338).
[13] Cf. ad esempio gli apoftegmi n. 489, 742, 744, 745, 746 del *Bustān*.
[14] Apoftegma n. 570 del *Bustān* (p. 242).

Ecco, dunque, che l'obbedienza, in tutti i casi, è resa perfetta mediante la croce. Questo lo vediamo sia nel caso del Signore Gesù, sia di Giuseppe il giusto, sia di San Giovanni Kolobós. In tutti i casi, l'obbedienza passa attraverso il mistero della Croce. Ma alla fine ci aspettano gloria e vita eterna.

Un padre raccontò di aver visto quattro posizioni elevate in cielo. La prima: un malato che rende grazie a Dio. La seconda: un sano che ospita gli estranei e dà riposo ai deboli. La terza: un solitario nel deserto che lotta. La quarta: un discepolo che obbedisce fedelmente a suo padre a motivo di Dio. Egli ha trovato che la posizione del[l'ultimo] discepolo è più elevata rispetto alle altre tre e ha affermato di aver interrogato colui che gli aveva mostrato ciò dicendo: "Come è possibile che colui che è il più piccolo degli altri sia diventato colui che ha la posizione più grande?". Gli rispose: "Ognuno di loro fa il bene secondo la propria volontà. Costui, invece, ha reciso la propria volontà per Dio e ha obbedito al suo maestro. L'obbedienza a motivo di Dio è la virtù più nobile"[15].

Dunque ora capiamo perché l'obbedienza è la virtù più nobile: perché con essa noi ci rendiamo simili al Signore Gesù. Il frutto dell'obbedienza del Signore Gesù al Padre è stato riunire tutta l'umanità per Dio Padre. Il guadagno è stato enorme e – ora possiamo dirlo – non è stato a vantaggio di Cristo ma solo e soltanto dell'umanità. Dio Padre ha riguadagnato l'umanità che si era estraniata da lui finendo nelle mani di satana, il principe di questo mondo. Il mondo era sotto il dominio di satana ma, con l'obbedienza del Figlio, l'umanità è ritornata ad appartenere a Dio Padre. Il

---

[15] Apoftegma n. 666 del *Bustān* (pp. 271-272).

Figlio, infatti, ci ha acquistati con il suo sangue. Ci ha acquistati vuol dire che siamo passati dal non appartenere più all'appartenere di nuovo.

Ecco, dunque, che l'obbedienza di San Giovanni Kolobós è un ottimo modello per il monaco poiché rappresenta la riproposizione di ciò che il Signore Gesù ha compiuto con la sua perfetta obbedienza al Padre.

E a Dio sia gloria per sempre.

LOTTARE SECONDO LE REGOLE[1]

Dalla seconda Lettera del nostro maestro Paolo Apostolo a San Timoteo:

Tu, figlio mio, attingi forza dalla grazia che è in Cristo Gesù: le cose che hai udito da me davanti a molti testimoni, trasmettile a persone fidate, le quali a loro volta siano in grado di insegnare agli altri. Come un buon soldato di Gesù Cristo, soffri insieme con me. Nessuno, quando presta servizio militare, si lascia prendere dalle faccende della vita comune, se vuol piacere a colui che lo ha arruolato. Anche l'atleta non è incoronato[2] se non ha lottato secondo le regole. Il contadino, che lavora duramente, dev'essere il primo a raccogliere i frutti della terra. Cerca di capire quello che dico, e il Signore ti aiuterà a comprendere ogni cosa. Ricòrdati di Gesù Cristo, risorto dai morti, discendente di Davide, come io annuncio nel mio Vangelo, per il quale soffro fino a portare le catene come un malfattore. Ma la parola di Dio non è incatenata! Perciò io sopporto ogni cosa per quelli che Dio ha scelto, perché anch'essi raggiungano la salvezza che è in Cristo Gesù, insieme alla gloria eterna. Questa parola è degna di fede: se moriamo con lui, con lui anche vivremo; se perseveriamo, con lui anche regneremo; se lo rinneghiamo, lui pure ci rinneghierà; se siamo infedeli, lui rimane fedele, perché non può rinnegare se stesso (2Tm 2,1-13).

---

[1] Conferenza con i monaci, 15 marzo 2017.
[2] Traduciamo alla lettera *stephanoutai* di modo che possa capirsi il discorso che fa anba Epiphanius attorno a questo termine.

Gloria a Dio per sempre. Amen.

Così parla San Paolo Apostolo al suo discepolo Timoteo. Dice: "L'atleta non è incoronato se non ha lottato secondo le regole". Mi soffermerò sulla parola "essere incoronato". Il primo senso è quello di ricevere sulla testa delle corone. Sapete che il termine "corona" in greco si dice *stéphanos*. Di cosa era fatta questa corona? Non era d'oro. Era fatta intrecciando rami di agrifoglio e di olivo insieme a basilico, violette e rose. Questa corona veniva ottenuta da un atleta quando vinceva una gara oppure veniva intrecciata sulla testa degli sposi, nella Chiesa primitiva, durante la celebrazione del mistero del matrimonio. Questo è lo *stéphanos*. Per questo dice San Paolo: "Essi lo fanno per ottenere una corona che appassisce" (1Cor 9,25). Dopo essere tornato a casa, la corona vinta dall'atleta appassiva e perdeva di valore. Per questo dice San Paolo "una corona che appassisce", mettendola in contrasto con la nostra "corona immarcescibile". Questa è, dunque, la parola usata da San Paolo Apostolo per dire "corona". E ci sono molti versetti che parlano di *stéphanos*.

Nel Nuovo Testamento esiste, però, anche un altro termine greco che è tradotto con "diadema" che è, appunto, *diádēma*. Lo troviamo spesso nell'Apocalisse. Questo termine greco deriva dal verbo *diadéō* che vuol dire "legare insieme", "fasciare" e si riferisce a una fascia di stoffa blu con decorazioni di colore bianco che veniva indossata dai re persiani sopra al turbante come elemento decorativo e come espressione di autorità regale. Per questo dice l'Apocalisse: "Allora apparve un altro segno nel cielo: un enorme drago rosso, con sette teste e dieci corna e sulle teste sette diademi"

(Ap 12,3). Come si possono indossare sette corone insieme? Qui significa che si trattava di sette fasce, ognuna delle quali rappresenta un regno particolare. Ad esempio, nel libro dei Maccabei, si legge che il re di Persia, che aveva occupato l'Egitto ai tempi dei Maccabei, aveva una corona fatta di due fasce (cf. 1Mac 11,13). Ciò rappresentava il suo dominio al contempo sulla Persia e sull'Egitto. "Il drago dai sette diademi" indica che gli appartengono sette nazioni. Di Cristo, invece, è scritto che "ha sul suo capo molti diademi" (Ap 19,12), ovvero che il suo dominio si estende su tutta la terra. Questo è quanto concerne il termine "corona" nelle Scritture.

Tornando al testo di San Paolo, egli dice che "l'atleta non è incoronato se non ha lottato [qui si intende che ha gareggiato e metaforicamente che qualcuno corre nel campo del Signore] secondo le regole". Ma che cosa significa "lottare secondo le regole"? Facciamo l'esempio di dieci corridori. Di questi soltanto colui che ha corso correttamente si qualifica per vincere la corona. Coloro che hanno corso senza giungere al traguardo cosa ottengono? Nulla. Soltanto chi taglia il traguardo è incoronato. La frase significa anche che il corridore che gareggia secondo le regole otterrà la corona, non importa se arriva primo o secondo. La questione è lasciata alle regole della corsa. Dunque, chi lotta correttamente otterrà la corona, chi non lotta correttamente non otterrà nulla.

Se esco da casa mia, vado allo stadio, indosso la divisa ma non partecipo alla gara, non otterrò nulla. Sì, la divisa non ci dona la corona alla fine della gara. Ciò che mi fa vincere la corona è l'aver gareggiato secondo le regole. Ciò significa che l'aspetto esteriore non serve a nulla, così come il solo andare allo stadio o mettermi a correre un po' non mi farà vincere nulla. È indispensabile lottare, gareggiare secondo le regole.

San Paolo, nella prima Lettera ai Corinti (9,24-27), parlando della diaconia cristiana, parla della pista da corsa dei greci come simbolo dell'energia che il cristiano deve profondere nel servire il Signore Gesù Cristo. Si legge: "Non sapete che, nelle corse allo stadio, tutti corrono..." (cioè: non è possibile andare allo stadio, indossare l'uniforme e poi non correre) "...ma uno solo conquista il premio? Correte anche voi in modo da conquistarlo! Però ogni atleta è disciplinato in tutto; essi lo fanno per ottenere una corona che appassisce, noi invece una che dura per sempre (1Cor 9,24-25)". E conclude: "Tratto duramente il mio corpo e lo riduco in schiavitù, perché non succeda che, dopo avere predicato agli altri, io stesso venga squalificato" (1Cor 9,27). In una gara si viene squalificati se non si gioca correttamente. Sì, è vero, qualcuno partecipa alla corsa, indossa l'uniforme, inizia a correre con gli altri ma poi, al momento dei test antidoping, si scopre che non è adatto a praticare questo sport perché non corre secondo le regole sportive.

È di questo che vorrei parlarvi oggi. La nostra lotta come monaci deve essere secondo le regole. Non siamo venuti nel deserto per scherzare. Il fatto che siamo entrati in monastero e abbiamo indossato l'abito non significa che abbiamo ottenuto il premio. L'abito che indossiamo non ci conferisce nulla se non è accompagnato da una lotta secondo le regole. Per noi monaci che cosa significa lottare secondo le regole? Significa lottare secondo le regole monastiche, non secondo il mio umore o secondo la mia intelligenza o secondo il canone che mi do da solo. Questa non è una lotta secondo le regole. "Regola" è legata a "regolo": è un'asta di legno messa di fronte a noi che rappresenta un regime che dobbiamo seguire. Forse ricorderete la storia di come abba Pacomio sia diventato cristiano e di come abbia fondato la vita cenobitica. Ecco come la racconta il *Bustān*:

> Di san Pacomio è stato detto: "Suo padre era dell'Alto Egitto ed era un pagano. Un giorno, Pacomio si arruolò nell'esercito del re. Avvenne che, mentre erano in viaggio in condizioni estremamente difficili, dei cristiani di Esna portarono loro nell'accampamento viveri e bevande. Pacomio, allora, chiese: 'Come possono costoro impietosirsi per noi senza conoscerci?'. Gli fu risposto: 'Sono cristiani, fanno questo per amore del Dio del cielo'. Quando Pacomio sentì queste parole, decise in cuor suo che, se gli fosse stata data l'occasione, sarebbe diventato cristiano e avrebbe servito i bisognosi. Secondo il disegno di Dio, il re vinse i suoi nemici e promulgò il decreto di congedo dei soldati. Pacomio tornò e si battezzò. Dopo tre anni si fece monaco presso un monaco santo chiamato Palamone. E subito iniziò a fare vita comune affinché potessero aiutarsi a vicenda e offrire sostentamento ai bisognosi e ai poveri. Molti vennero da lui e costruirono monasteri e iniziarono a fare vita comune. Il santo inviava loro un canone per il culto, il lavoro manuale e la degna condotta e li guidava su quando stare seduti e quando in piedi, quando tacere e quando parlare. Ed era in questo estremamente severo[3].

Con la grazia donatagli da Cristo, abba Pacomio sentì la necessità di dotare il monachesimo di un canone, ovvero di

---

[3] Apoftegma n. 74 del *Bustān* (pp. 47-48).

una regola, perché è esso che alla fine salva il monaco, e non l'abito o l'intelligenza personale. Secondo voi qual è l'aspetto più importante del nostro canone monastico? Il tal padre dirà: l'obbedienza. Sì, è una buona cosa. Che cosa ancora? Il talaltro padre dirà: il colloquio con il padre spirituale. Che ancora? La meditazione del Vangelo. Altro? La nostra vita monastica comunitaria inizia all'alba con le lodi, poi con la Divina Liturgia (se è prevista), poi il refettorio, poi il vespro, e ovviamente il lavoro. Il sistema messo a punto dai Padri non si basava sull'intelligenza umana ma sulla loro percezione spirituale del fatto che esso rappresenti la via più semplice che porta al Regno. La via più semplice è avere un canone da rispettare. C'è una frase che ho sentito pronunciare da un vescovo in occasione della conferenza sul monachesimo e che è piaciuta molto alle monache. È stata posta la domanda: "Che cos'è l'obbedienza?". La risposta è stata: "L'obbedienza significa obbedire al tuo padre spirituale". Ma che succede se il padre spirituale dice qualcosa di sbagliato? "Questo non deve interessarti perché a te è richiesto solo di obbedire e otterrai la tua benedizione nel momento in cui obbedirai"[4]. Perfetto. Io, dunque, non infrangerò le regole. Alcuni dicono: a che servono le lodi? A che serve il vespro? A che serve il refettorio? Posso pregare in cella! Eppure siamo tutti testimoni del fatto che, spesso, nonostante siamo seduti in cella, non preghiamo e non meditiamo sul Vangelo. Ti renderai conto che, poco per volta, le tue forze spirituali caleranno. Dopo un po' noterai che, non

---

[4] Leggendo i testi di questa antologia non è difficile capire che quel "vescovo" da cui anba Epiphanius ha sentito dire quella frase è, in realtà, lui stesso...

solo diventi completamente accidioso ma inizi a dare fastidio anche a quelli che vivono seriamente. Credo che alcuni di voi in questo monastero siano testimoni di ciò che dico. Iniziamo a guardare a chi corre sulla pista e parliamo di lui con disprezzo: "Guarda questo stupido! Che cosa otterrà alla fine? Otterrà la corona? E che se ne farà?". Dunque, alla fine, non solo noi smettiamo di correre secondo le regole, ma iniziamo a infastidire chi cerca di farlo. Il risultato è che io inizio a raffreddarmi piano piano. All'inizio, non te ne rendi conto. All'inizio credi di camminare correttamente e che sono tutti gli altri ad aver deviato dal sentiero. Allora chiedi a qualcuno: "Che cosa stai leggendo in questo momento?". E quando ti risponde: "Gli apoftegmi", gli dici: "Ancora credi a queste baggianate?". Una cosa del genere mi è stata detta davvero. All'inizio, inizi a pensare che le storie degli apoftegmi sono banali e senza valore. Senza dubbio esistono libri migliori. Mi metto a leggere altri libri e inizio a ignorare completamente il libro che deve essere come una mappa per il mio cammino. Poco a poco mi trovo fuori dal sentiero. È vero che ancora ho fede ma sono uscito fuori dal sentiero monastico. Che cosa significa che sono fuori strada? Significa che corro come gli altri, ma loro corrono sulla pista, secondo le regole, e alla fine otterranno la corona. Io, invece, corro fuori dalla pista. Il risultato è che non otterrò il premio.

Tutti ricordiamo che cosa faceva abba Macario quando qualcuno gli offriva un bicchiere di vino.

Fu detto di padre Macario che si era imposto un canone: se i fratelli gli offrivano del vino non si asteneva dal berlo ma, per ogni coppa di vino che beveva, si asteneva dall'acqua per un giorno. I fratelli, dal loro canto, glielo offrivano per onorarlo ed egli, a sua volta, non declinava l'offerta, desideroso di punirsi. Il suo discepolo, dunque, sapendo la pratica del suo maestro, chiese ai fratelli che, per amore del Signore, non dessero più del vino all'anziano perché si torturava con la sete. Dal momento in cui lo vennero a sapere, smisero di offrirgli del vino[5].

Abba Macario non rifiutava il gesto di amore offertogli. Ma si era imposto un canone. Il monachesimo ha delle regole, il monachesimo non è uno scherzo. Una volta abbiamo chiesto a padre Matta el Meskin: "Qual è la nostra regola?". Lui ha risposto: "Non esiste una regola nel monachesimo orientale. La nostra unica regola è l'amore". È vero, nel nostro monachesimo c'è una libertà che non esiste negli ordini monastici occidentali. Il monaco è libero con il suo padre spirituale: è quest'ultimo a guidarlo sul cammino monastico. Siamo tutti impegnati in questo cammino, ma ciascuno secondo le sue possibilità. Questo è il bello del nostro monachesimo: la libertà. Sì, abbiamo un sistema, ma è il padre spirituale ad adattare la vita monastica a ognuno: quanto e come digiunare, quanto e come pregare ecc. Colui, però, che rifiuta totalmente di sottomettersi a un canone, inizia piano piano ad allontanarsi dal sentiero e questa deviazione avviene a partire dalle piccole cose: smette di partecipare alle lodi adducendo come scusa il fatto che recita le lodi in cella. Poi non viene più in refettorio dicendo: "Continuo comunque a mangiare le cose offerte dal monastero, non compro cibo personale". Ma questo rappresenta l'inizio della discesa. Tutti quelli che sono usciti fuori dal

[5] Apoftegma n. 40 del *Bustān* (p. 30).

seminato, hanno iniziato così. Dopo un po' iniziavano a dire: "Ma che cos'è questo cibo orribile che cucina abuna? Il cibo di oggi era insipido. Quello di ieri era salato! Il cibo dell'altro ieri era crudo!". Giorno dopo giorno il cibo perde di sapore per me. Allora inizio a cercare cose estranee al monastero perché il cibo del monastero è immangiabile! Il mio cibo personale diventa così più buono di quello del monastero. Perché succede questo? Perché ho abbandonato il mio canone. Se abbandoni il tuo canone, il tuo cibo forse acquisirà maggior sapore ma non sarà un sapore monastico. San Macario accettava il gesto d'amore ma non rinunciava al suo canone.

> Disse ancora [abba Isaia[6]]: "Se i demòni distraggono il tuo cuore con fatiche al di là delle tue forze, non obbedire loro perché essi distraggono il cuore dell'uomo con cose che è incapace di compiere tanto che, in un momento di debolezza, cade nelle loro mani e viene da loro deriso. Le cose del nemico, infatti, sono disordinate e smodate. Ma tu mangia una sola volta al giorno, dà al tuo corpo ciò di cui ha bisogno con moderazione, smettendo di mangiare mentre ancora desidereresti continuare. Allo stesso modo, la tua veglia avvenga con moderazione. Veglia la metà della notte in preghiera e l'altra metà dedicala al riposo del corpo. Prima di dormire, veglia due ore pregando e recitando i salmi e, avendo acquisito

---

[6] Abba Isaia di Scete è un eremita egiziano della fine del IV sec. ben noto all'apoftegmatica dei Padri del deserto. Alla sua morte, il suo discepolo, Pietro, raccolse i suoi scritti e i suoi detti nell'opera nota con il nome di *Asketikón*, un trattato monastico e ascetico di grande importanza di cui una buona parte è confluita nel *Bustān* arabo. Talvolta è identificato con Isaia di Gaza sebbene gli studiosi non siano ancora giunti alla certezza che si tratti della stessa persona.

longanimità, compi il tuo canone scrupolosamente e impegnandoti. Se noti che il tuo corpo è diventato pigro, digli: "Vuoi riposarti in questo poco tempo e andare nella tenebra esterna? Non è forse meglio per te faticare per un po' di tempo per riposare per sempre con i santi?". Con queste parole la pigrizia va via e ti giunge l'aiuto[7].

Apparentemente, queste parole non sembrano monastiche. Che significa infatti: "Se i demòni distraggono il tuo cuore con fatiche al di là delle tue forze, non obbedire loro". Quali sono queste fatiche? La lotta monastica significa "prega di più", "digiuna di più"! Sì, così operano i demòni. Ad esempio, tu vai in chiesa per pregare le lodi per un'ora. I demòni ti dicono: "Va' in cella e prega le lodi per due ore!". "Loro in chiesa accorciano le intercessioni dei santi? Tu dille per intero in cella!". "La comunità finisce la Divina Liturgia all'una? Tu, invece, digiuna fino alle cinque del pomeriggio!". Sant'Isaia ci dice di non obbedire a questi pensieri perché vengono dai demòni. Ma dopo aver parlato dell'inganno dei demòni, abba Isaia inizia a stabilire un canone per i suoi figli spirituali, come se dicesse: "Di questo canone che io vi do sono responsabile davanti a Cristo".

San Giovanni Kolobós dice:

Il leone è coraggioso e temibile, ma per obbedire al suo desiderio e alla sua voglia cade nella trappola, perdendo la sua forza e diventando lo zimbello della gente. Così il monaco, se abbandona il proprio canone e segue la propria passione distrugge la sua dignità e diventa lo zimbello di tutti[8].

---

[7] Apoftegma n. 215 del *Bustān* (p. 114).
[8] Apoftegma n. 241 del *Bustān* (p. 126).

"Forse che mi metto ad ascoltare le parole banali di quel tal padre? Io sono un leone! Io ero responsabile del servizio nella mia chiesa prima di venire in monastero e insistevano per ordinarmi sacerdote! Vi siete dimenticati chi sono io? Certo, per umiltà ho lasciato tutto e sono entrato in monastero". Non è questo il leone? Sì, questo è il leone coraggioso. Ma ecco che cade in trappola! Era uscito a cacciare e non per farsi una passeggiata. Voleva prendere una preda. È un lottatore! Ma per il suo desiderio e la sua voglia è caduto in trappola perdendo la propria forza e diventando lo zimbello della gente. Così per il monaco...

Di abba Pafnuzio si racconta che una persona gli chiese:

"Ho tratto grande beneficio da te, padre, e voglio vivere insieme a te per il resto della mia vita". Mi rispose [abba Pafnuzio]: "Tuo padre è ancora vivo?". Risposi: "Sì". Mi disse: "Ciò è sconveniente poiché, se qualcuno non ha un padre, lo accolgo. Te, invece, no, affinché tu non finisci per rovinare la tua figliolanza e, così facendo, io non sconvolga la legge del monachesimo. I nostri padri, infatti, custodivano gli uni la coscienza degli altri. E senza obbedienza nessuno è progredito[9]".

Questo monaco va da abba Pafnuzio e gli porge alcuni interrogativi spirituali. Gli chiede molte cose e le sue risposte erano nuove per lui, non le aveva mai sentite nel suo monastero. Per cui è molto contento delle parole di abba Pafnuzio. Ama talmente tanto abba Pafnuzio che vuole vivere come suo discepolo: "Ho tratto grande beneficio da te, padre, e voglio vivere insieme a te per il resto della mia vita". Ma la risposta è: "Tuo padre è ancora vivo?". Ovvero: "Il

---

[9] Apoftegma n. 586 del *Bustān* (p. 246).

tuo padre spirituale è ancora in vita?". Il fratello risponde:
"Sì". Abba Pafnuzio dice allora: "Quello che chiedi è sconveniente", *'adam 'adab* in arabo, cioè è contro la *paideía*, la
paideía monastica, si intende. Sapete, ovviamente, chi è
abba Pafnunzio, non è vero? Non solo è il discepolo di abba
Macario ma è anche colui che è diventato padre spirituale di
tutto il deserto di Scete dopo il riposo di abba Macario. Che
cosa significa essere padre spirituale di tutto il deserto di
Scete? Significa dall'area del Monastero di San Macario fino
al Monastero di Baramus. Tutta quest'area. Nonostante
fosse il padre spirituale di tutto il deserto, tuttavia rispettava
l'educazione monastica. Era come se dicesse: "Se ti accolgo,
faccio un danno al monachesimo!". Queste erano le regole
che i nostri Padri si erano fissati ed è per questo che erano
forti.

Un monaco chiese a San Basilio:

"Come va considerato colui che con difficoltà compie il canone di pentimento?". Rispose: "Per il suo padre esperto di
medicina e che desidera curarlo, la sua condizione deve essere
come quella di un figlio malato e nella morsa della morte. Il
conoscere la difficoltà di prescrivere i giusti medicinali, la
grande fatica nel fabbricarle e la competenza medica di suo
padre; la gioia che prova conoscendo l'amore che suo padre
ha per lui e il suo desiderio di guarire; tutti questi fattori
fanno sì che si sottoponga con fermezza alla terapia e che si
affidi a lui [al padre-medico] perché sia curato e viva. Perciò,
chi trova difficoltà nel canone di pentimento, lasci che se ne
occupi il proprio maestro"[10].

---

[10] Apoftegma n. 608 del *Bustān* (p. 256).

Un monaco dice che non riesce a realizzare il proprio canone. Che cosa deve fare? La risposta è molto semplice: "Tuo padre è responsabile per te. Affida la responsabilità della tua situazione a tuo padre". Credo che gli apoftegmi ci facilitano molto la questione. Io non riesco a pentirmi, sono debole. Vado dal mio padre confessore e gli dico: "Non ce la faccio". Se provo stima per il mio padre spirituale e lo amo dello stesso amore con cui amo Cristo, diventerà lui il responsabile per me. Allora egli alleggerirà il mio canone, camminando passo dopo passo con me sul sentiero. Gli apoftegmi sono pieni di storie legate a termini come "canone" o "disposizioni" o "ordine", così come a "disordine".

Tornando a San Paolo, noterete che altrove definisce "lottare secondo le regole" anche "la buona battaglia" (cf. 2Tim 4,7). Non dice "una buona battaglia" ma "la buona battaglia". C'è differenza? Se sì, qual è la differenza? La differenza è che non esiste altra battaglia. Questo sintetizza tutto quello che ho detto. "Ho combattuto *una* buona battaglia" significherebbe che sono entrato in monastero e ho combattuto come mi pareva. No. San Paolo dice: "Ho combattuto *la* buona battaglia", ovvero la battaglia che mi è stata chiesta di combattere è quella che io ho combattuto. "Mi è stata posta *la* corona di giustizia" (2Tim 4,8) e non "*una* corona di giustizia". È la stessa questione: *la* corona di giustizia è il Signore Gesù stesso. Non abbiamo altra giustizia che lui stesso: "...il quale per noi è diventato sapienza per opera di Dio, giustizia, santificazione e redenzione" (1Cor 1,30). Se combatto *una* buona battaglia mi sarà data *una* corona di giustizia. Ma se combatto *la* buona battaglia mi sarà data *la* corona di giustizia, con l'articolo determinativo. Qui sta la differenza.

Nella Lettera agli Ebrei leggiamo: "Non avete ancora resistito fino al sangue nella lotta contro il peccato" (Eb 12,4). Che significa? Fino alla morte, anche se la lotta mi dovesse portare alla morte. La domanda qui è: la buona battaglia, agli occhi di chi è buona? Abbiamo detto all'inizio che la persona corre nello stadio. Dunque, agli occhi di chi la battaglia è buona? Ai miei occhi? O agli occhi del giudice di gara? Ovviamente agli occhi di colui che mi darà il premio. Se il pubblico vede che sto correndo correttamente farà il tifo per me. Se sono un calciatore e, invece di tirare il pallone nella porta dell'avversario lo tiro nella mia porta, avrò realizzato, sì, un goal, ma sarà un autogoal che sarà conteggiato come punto per l'avversario, non per me. Il pubblico, allora, mi deriderà e l'arbitro assegnerà il goal all'avversario. Dunque, la buona battaglia non si basa sulla mia opinione. È molto importante questo punto. La battaglia è buona secondo il giudizio dell'arbitro, ovvero del Signore Gesù e della regola monastica. Questo è ciò che differenzia la buona battaglia dalla battaglia non buona. Questo è il messaggio che ho cercato di farvi arrivare oggi.

Sinceramente, ho voluto parlarvi oggi di quest'argomento per un motivo particolare. In questo periodo, nella santa Quaresima, celebriamo insieme la Divina Liturgia ogni giorno ma a volte succedono episodi di cui mi meraviglio. Ho la sensazione che ci sia una battaglia ma che non sia buona, ovvero c'è una lotta ma non secondo le regole. Sono stato sorpreso da alcuni messaggi arrivatimi da alcuni monaci che litigano su chi tra di loro ha detto un pezzo della liturgia più lungo dell'altro o chi ha pregato meno dell'altro ecc. Mi sono chiesto: è questa la buona battaglia? Ecco perché oggi vi parlo di questo. Questa è la battaglia che siamo venuti a combattere? Litigare tra di noi per un brano in più o un pezzo in meno nella liturgia? Litigare su chi sia il sacerdote associato (*al-kāhin al-šarīk*) e chi il sacerdote celebrante (*al-kāhin al-ḫadīm*), su chi ha la voce bella e chi ce l'ha brutta? E questa la sarebbe la nostra buona battaglia monastica? Questa si può chiamare battaglia monastica? Ve lo chiedo e chi ha una risposta me la dia. Credetemi non sono riuscito a rispondere a questo interrogativo. Ecco perché sono qui oggi. Non avrei parlato oggi, anche perché ci troviamo nel grande digiuno quaresimale e so che avete poco tempo, per cui non volevo oberare ulteriormente la vostra giornata. Ma un monaco mi ha incoraggiato a parlare. È questa la lotta? Vedo persone che corrono sulla pista per un certo tempo, a seconda dell'umore, e poi, poco dopo, Dio mi perdoni, li trovo a correre fuori pista. Lottano, sì, non lo nego. Sono persone di tutto rispetto e lottano. Ma la loro lotta è secondo le regole monastiche? È questa la buona battaglia? Che cosa devo rispondere a persone che mi chiedono: "Quand'è che saliamo di grado?". Come monaci non dovremmo scendere di grado, piuttosto che salire? Più vado avanti nel monachesimo, più dovrei farmi piccolo! Più avanzo nella via spirituale, più percepisco la mia debolezza e che sono il più piccolo, non il più grande! Gli apoftegmi non scherzano quando dicono: "Sii piccolo tra la gente, sii come un figlio tra fratelli"[11]. Che significa

---

[11] Apoftegma n. 247 del *Bustān* (p. 128).

questo? Se sei intelligente, farai così. Se sei intelligente, più cresci più ti fai piccolo. Qualche anno fa ho sentito una storia con le mie orecchie. Ero in refettorio. Un monaco bussa alla porta e gli apre un novizio. Il monaco dice: "*Ab*[12] Tizio, potresti fare questo?". E il novizio: "Obbedisco![13]". Non appena dice "obbedisco!", il monaco gli dice: "Obbedisco?! Se già dal primo giorno hai imparato a dire 'obbedisco!', vedrai come ti calpesteranno un domani!". Questo dialogo è avvenuto davanti a me. Nessuno me lo ha raccontato[14]. "Domani vedrai come ti calpesteranno!". Perché? Perché aveva detto "obbedisco!". Vi rendete conto? Gli apoftegmi non ci dicono che è questa la lotta secondo le regole, dire "obbedisco", "sì" e "ho peccato"[15]? Non era questa la regola che i padri monaci stabilivano gli uni per gli altri? "Obbedisco, abuna!", "A tua disposizione, abuna!". Questo è il messaggio che vorrei vi arrivasse oggi. Se qualcuno ha domande o commenti si faccia avanti.

---

[12] Cf. nota 18, p. 25.

[13] *Ḥāḍir*, lett. "presente!", è una tipica espressione egiziana difficile da rendere in italiano che indica che l'interlocutore è pronto a realizzare una richiesta o un comando.

[14] Siamo poi venuti a sapere che il novizio di cui parla non era che anba Epiphanius stesso! "Il padre Arsenio ci raccontò questa storia come accaduta a un altro, ma probabilmente era lui stesso", esordisce un famoso detto dei Padri del deserto (Arsenio 33).

[15] "Leggiamo nella vita di San Samuele che suo padre gli insegnò a dire: 'sì', 'obbedisco' e 'ho peccato'" (Matta el Meskin, "Naṣā'iḥ li-ruhbān ǧudud" in Id., *Naṣā'iḥ li-ruhbān ǧudud wa-ḫtibār allāh fī ḥayāt al-rāhib*, Monastero di San Macario, Wādī al-Naṭrūn 2012, p. 4). Probabilmente la frase è tratta dalla versione araba dell'agiografia di San Samuele il Confessore. La versione copta sa'idica dice, invece: "Suo padre gli insegnò [...] come dire sempre: 'Perdonami. Rendimi umile'".

Uno dei presenti chiede ad anba Epiphanius: In ogni ambito c'è chi cammina dritto e chi no, anche nel mondo è così. Per quanto riguarda l'ultimo punto, a proposito del novizio che ha detto "obbedisco", vorrei far notare che a volte avviene un certo sfruttamento. Nel senso che, ad esempio, c'è un novizio buono che dice sempre "obbedisco" e viene oberato al di là delle sue forze fino a finire per cadere. C'è un punto in cui bisogna dire "no, questo non lo faccio"?

Risponde anba Epiphanius: Un monaco chiese ad abba Basilio: "Come va considerato colui che con difficoltà compie il canone di pentimento?". Rispose: "Per il suo padre esperto di medicina e che desidera curarlo, la sua condizione deve essere come quella di un figlio malato e nella morsa della morte". Ognuno ha il suo padre spirituale. Se temi qualcosa, va' subito da lui. "Padre Tizio, mi è successo questo. Come mi devo comportare?". Se cammini secondo l'economia monastica, troverai sollievo. Questa è la lotta secondo le regole: gettare il tuo problema sulle spalle del tuo padre spirituale, e lui ti guida verso ciò che è giusto. Abbiamo tutti avuto problemi simili. Per quello che ora capita a voi, noi siamo già passati. E per quello che attraversiamo noi ora, quelli che ci hanno preceduti sono già passati. Oggi, ad esempio, un'ora prima di venire qui da voi, ho dovuto affrontare un problema al quale non ho trovato ancora soluzione. Ho allora telefonato a un monaco di cui mi fido e che ha circa sei anni in più di me di vita monastica. Gli ho detto: "Ho un problema. Come mi devo comportare?". Credetemi, è successo poco prima di venire qui. Si trattava di una questione puramente spirituale e non di un problema amministrativo. Ho accettato il suo consiglio. Sono venuto a sapere che egli stesso ha dovuto affrontare lo stesso problema, e dunque ha fatto esperienza di come poter risolverlo. Non dobbiamo fidarci solo di noi stessi. Chiediamo a coloro che ci hanno preceduto. Che dobbiamo fare? Domandiamo al nostro padre confessore, al nostro padre spirituale o a un monaco anziano: come dobbiamo comportarci? Però non andiamo alla ricerca di maestri che dicono solo cose che ci piacciono. Un monaco mi ha detto: "Voglio diventare eremita". Gli ho chiesto: "Il tuo padre confessore è d'accordo?". Mi ha risposto: "No, il mio padre confessore si oppone ma io me ne troverò un altro che sia d'accordo". Credetemi, il dialogo è andato così, non sto scherzando. È sconveniente davanti a un problema andare alla ricerca di qualcuno che ti confermi nella tua soluzione del problema. No, va' dal padre confessore e lui ti dirà. Dirò: "obbedisco" e accolgo la benedizione che deriva dall'obbedienza o no? Il padre confessore conosce le tue possibilità e vuole curare un certo aspetto malato in te. Forse a te chiede di obbedire mentre a un altro monaco non lo chiede. Ad esempio sa che io sono testardo od orgoglioso oppure che ho qualcosa in me che va curato e allora ti chiede di obbedire. Egli sa che tu hai bisogno di questo orientamento. L'importante è che il tuo padre confessore sia esperto e sia conosciuto per il suo amore. Se hai un problema, va a gettarlo sulle spalle del tuo padre spirituale.

Un altro chiede ad anba Epiphanius: Colui che corre fuori dalla pista non si rende conto di andare in una direzione sbagliata?

Risponde anba Epiphanius: No! Gli apoftegmi dicono che satana gli tiene coperti gli occhi come si coprono gli occhi di una bestia da soma. Capite perché? Perché quando la bestia ha gli occhi coperti pensa di andare dritta e si immagina che sta andando ad Alessandria! Ma, in realtà, gira attorno a un mulino! Satana, dunque, ci copre gli occhi e ci fa immaginare che stiamo camminando sul sentiero giusto, anzi che stiamo correndo, quando in realtà ci prende in giro e ci fa girare a vuoto attorno ai nostri mulini[16]! Qual è il mio mulino attorno a cui mi metto a girare? Il mio ego. Tutto il giorno giro attorno a mio ego e ogni giorno non faccio altro che coltivare il mio ego. E se qualcuno cerca di sfiorarmi, guai a lui! Sì, magari corro anche, ma corro fuori strada. Invece, come si è detto, per ottenere il premio bisogna correre secondo le regole. Chi corre fuori strada, o addirittura chi corre contromano, non otterrà nulla. Queste devianze si vedono dopo un certo periodo. Oggi, in refettorio, abbiamo letto la storia di San Teodoro di Edessa[17]. Ve la ricordate?

In quell'area viveva da lungo tempo un recluso. San Teodoro il vescovo andò da lui e gli chiese di raccontargli la sua storia per amore del Signore. Il recluso tirò un lungo respiro, sospirò dal profondo del cuore e iniziò a piangere. Disse: "La mia storia te la racconto a patto che tu non la renda pubblica se non dopo la mia morte. Sappi, padre, che ho servito in un monastero per tre anni con un fratello più grande di me. Dopo di che, afferrati dal desiderio della solitudine, siamo usciti con il

---

[16] Cf. *Sistematica*, XI, 108 (cf. ed. it., p. 373).

[17] Monaco del IX sec., fu abate del monastero di Mār Saba, poi vescovo di Edessa. Di lui ci restano alcuni brevi scritti di argomento ascetico e due trattati teologici. Secondo alcuni studiosi sarebbe identificabile con Teodoro Abū Qurra.

permesso del nostro padre spirituale e siamo venuti nel deserto, nell'antica Babilonia, e abbiamo abitato in delle tombe non molto distanti le une dalle altre. Ci nutrivamo di erbe spontanee da un sabato all'altro e, quando uscivamo per raccogliere le erbe per nutrirci, appariva a ognuno di noi un angelo per proteggerlo. Non ci parlavamo e non ci avvicinavamo l'uno all'altro. Un giorno da lontano ho visto mio fratello saltare in un punto, volando come se fosse scampato a una trappola, e poi fuggire di corsa verso la sua cella. Stupito del suo salto, sono andato sul posto per capire di cosa si trattasse. Ho trovato che vi era molto oro. L'ho raccolto e, andato in città, ho acquistato un bel posto circondato da una transennata, e con una sorgente d'acqua pura. Lì ho costruito una chiesa e una foresteria per accogliere gli stranieri. A questo scopo ho comprato terreni che bastavano a finanziarla e ho assunto un uomo esperto per gestirla. Il resto dei soldi l'ho dato in beneficenza ai poveri così che non mi restasse nemmeno un solo denaro. Poi sono tornato alla mia cella e il pensiero mi ossessionava dicendo: 'Mio fratello è talmente fallito che non è riuscito a gestire i soldi che ha trovato. Io, invece, li ho gestiti bene!'. Mentre pensavo così, mi sono ritrovato vicino alla mia cella e ho visto che quell'angelo che prima mi allietava ora mi guardava con uno sguardo terribile. Mi ha detto: 'Perché ti inorgoglisci invano? Tutta quella fatica con cui ti sei dato da fare in tutti questi giorni non equivale a quell'unico salto fatto da tuo fratello. Poiché non solo ha evitato il baratro a cui porta il denaro ma ha anche attraversato l'abisso che separa il ricco da Lazzaro e ha meritato, perciò, di dimorare nel seno di Abramo. Perciò la tua condizione non vale incomparabilmente nulla rispetto alla sua. Ti sei perso moltissimo e per questo non sei degno di vedere il suo volto, così come non mi vedrai più con te'. Dettomi questo, l'angelo è sparito dalla mia vista. Sono andato, dunque, alla grotta di mio fratello ma non ve l'ho trovato. Ho alzato la voce in pianto fino a che non mi è rimasta più la forza per piangere. E così sono rimasto per sette giorni a girare per il deserto piangendo senza trovare né mio fratello né consolazione. Ho abbandonato, dunque, quel luogo come chi piange un morto e sono venuto qui. Ho soggiornato su questa colonna per quarantanove anni, combattendo molti pensieri e non pochi demòni. Sul mio cuore era stesa una nube tenebrosa e una tristezza inconsolabile. Il cinquantesimo anno, di domenica mattina, è sorta nel mio cuore una luce dolce che ha squarciato la nube della sofferenza e mi sono messo a esultare con un cuore contrito, madido di lacrime consolatrici. Passata l'ora terza del giorno, mentre ero ancora in preghiera, l'angelo mi ha detto: 'Pace a te dal Signore, e salvezza'. E il mio cuore ha trovato consolazione"[18].

Dov'è il problema? Secondo me questo monaco non ha sbagliato in nulla. All'inizio del percorso, quando erano ancora all'inizio della vita monastica, camminavano entrambi. Poi uno di loro vide il fratello fare un salto enorme e correre. Che cosa era successo? Andò e trovò tanto oro. Vendette l'oro e costruì una chiesa, una foresteria, una casa per poveri e non lasciò per sé neanche un denaro. Tornato felice e contento disse a se stesso: "Se mio fratello avesse avuto spirito di discernimento, avrebbe fatto come me". Tornato, cercò il fratello ma non lo trovò. Cercò consolazione e non la trovò. Combatté senza sosta per cinquant'anni. Quello che aveva guadagnato nei primi otto anni lo perse in un attimo e visse cinquant'anni nell'amarezza. "Il cinquantesimo anno, di domenica mattina, è sorta nel mio cuore una luce". Era bastato solo sentire che suo fratello non era sul suo

---

[18] Apoftegma n. 393 del *Bustān* (pp. 188-189).

stesso livello e pensare: "Io sono capace di gestire la cosa, mio fratello è incapace". Che sono questi pochi soldi? Ha fatto del bene alla Chiesa, ai poveri e ha fatto tante opere di bene importanti. Ma il suo egocentrismo gli ha fatto perdere tutto ed è diventato sgradito davanti a Dio. Ha lottato, sì, ma non secondo le regole.

Un altro chiede: Qual è la situazione di colui che stabilisce da solo come vivere la vita monastica?

Risponde anba Epiphanius: Rispondo con una storia che nel *Bustān* è attribuita a San Macario e che dice:

Si raccontò che nell'Alto Egitto c'era un monaco che aveva raggiunto un alto livello di ascetismo, padroneggiando preghiere, suppliche e veglie, dominando al massimo grado il non possesso, sfinendo il proprio corpo con digiuni e fatiche. Aveva iniziato la sua lotta mangiando ogni sera soltanto due palmi pieni di legumi inumiditi. Poi aveva cominciato a mangiare questa quantità giorno dopo giorno fino a che, dopo un po' di tempo, la mangiava una solta volta a settimana, la sera della domenica, oppure mangiava le erbe spontanee a sua disposizione. Continuò così per un certo periodo di tempo. Satana lo invidiò e volle gettarlo nell'orgoglio. Gli bisbigliò che era progredito nell'ascesi come nessuno aveva fatto prima e che bisognava che facesse dei segni affinché fosse ancora più attivo, e la gente, vedendo le meraviglie, desse gloria a Dio. Infatti, è stato il Signore stesso a dire: "Affinché gli uomini vedano le vostre opere buone e glorifichino il Padre vostro che è nei cieli" (Mt 5,16). Interrogò, allora, il Signore a proposito di quando era successo. Non volendo il Dio compassionevole vanificare la sua fatica gli ispirò le parole dell'Apostolo che dice: "Non siamo capaci da noi stessi di pensare qualcosa" (2Cor 3,5). Allora disse: "Se quel signore [Paolo] non si è giudicato capace di pensare qualcosa da lui stesso, quanto più io che sono misero devo dire queste parole! Mi alzerò, dunque, e andrò dal tal eremita. Qualunque cosa mi dirà la accetterò come inviatami direttamente da Dio". Quell'eremita era un grande monaco che era riuscito nell'opera della *theoría*[19] ed era capace di offrire beneficio a coloro che lo interrogavano. Si alzò, dunque, all'istante e andò da lui. Entrato che fu nella sua cella, l'eremita vide due scimmie appollaiate sulle sue spalle che gli stringevano il collo con una catena: ognuna di loro lo spossava tirandolo a sé. Quando vide questa scena ne capì subito la causa perché era molto intelligente. Sospirò, piangendo in silenzio. Dopo aver pregato e dopo i convenevoli di rito, rimasero seduti in silenzio per due ore, poiché questo era l'uso dei padri che vivevano lì. Poi il monaco giunto da fuori aprì la bocca dicendo: "Padre, dammi giovamento e guidami verso la salvezza". Rispose l'anziano: "Figliolo, io non sono idoneo a fare questo poiché ho ancora bisogno di orientamento". Ed egli gli disse: "Non mandarmi via, padre mio, poiché sono certo del favore di cui godi [*faḍluka*] e mi sono impegnato ad accogliere il tuo consiglio". L'anziano gli rispose: "Temo che tu non mi ascolterai. È per questo motivo che preferisco astenermi da ciò". Egli, allora, affermò e confermò che prima di arrivare aveva stretto un patto con se stesso dicendo: "Qualunque cosa mi dirà, la accoglierò come proveniente dalla bocca di Dio". L'anziano disse allora: "Prendi queste monete, va' in città, compra dieci pagnotte, una giara [*qiṣṭ*] di vino e dieci *raṭl*[20] di carne e

---

[19] Generalmente con il termine *theoría* si intende la contemplazione di Dio e delle realtà celesti. Per un approfondimento sulla *theoría* e suoi molteplici stadi e gradi si veda, Matta El Meskin, *Ḥayāt al-ṣalāh al-'urtūduksiyya*, Wadi El Natrun 2012, pp. 90-121 (ed. it. Matta el Meskin, *L'esperienza di Dio nella preghiera*, Qiqajon, Magnano 1999, pp. 66-86).

[20] In Egitto un *raṭl* corrisponde a 449,28 gr.

portali a me". Il fratello si rattristò molto per questo ma, tuttavia, prese ciò che gli aveva dato e andò via afflitto. Per strada, gli vennero dei pensieri che dicevano: "Ma cosa intende fare quest'anziano? Come potrò comprare queste cose e come le porterò? E che farò con i laici? Morirò di vergogna!". E così, chiese a uno che gli comprò il pane e a un altro che gli comprò il vino. Quando toccò alla carne, disse: "Povero me! Come farò a ottenere la carne, sia nel caso che sia io stesso a comprarla o che incarichi qualcun altro a farlo?". Poi incaricò un laico che gli acquistò la carne. Caricatosi di tutto, lo portò all'anziano rimanendo pensieroso. L'anziano gli disse: "Cucina la carne e mettila in un tegame di terracotta". Fece ciò scuro in volto. L'anziano, allora, gli disse: "Non dimenticare ciò che mi hai promesso e cioè che farai tutto ciò che ti indicherò. Prendi tutte queste cose, va' nella tua cella, e, ogni giorno, di sera, prega, mangia una pagnotta, bevi un sorso di vino e mangia un *raṭl* di carne. E, tra dieci giorni, torna da me". Ed egli non osò rispondergli nulla. Così, preso tutto ciò che gli aveva dato, se ne andò triste e piangendo, dicendo tra sé e sé: "Da quale grado di digiuno sei crollato e in quale stato ti ritrovi ora!". Poi disse a se stesso: "Se non faccio ciò che mi ha comandato, avrò ingannato Dio perché gli ho promesso che qualsiasi cosa che mi avrebbe detto l'avrei fatto come se provenisse dalla bocca di Dio. Ma ora, Signore, guarda la mia miseria, abbi compassione e perdonami il mio peccato perché sono costretto a fare qualcosa che è contro la mia volontà". Tornò nella sua cella piangendo e realizzò ciò che l'anziano gli aveva detto. Si dedicò intensamente alla preghiera e, quando mangiava, bagnava con le lacrime il pane dicendo: "O Dio, sono stato dimenticato e abbandonato dalla tua mano". Quando Dio vide la sua tristezza, il suo pianto e la sua umiltà, consolò il suo cuore mostrandogli il motivo [di tutto ciò]. Allora ringraziò Dio e confessò con le parole profetiche: "Tutta la giustizia dell'uomo è come panno di mestruata" (Is 64,5(6)). E ancora: "Se il Signore non costruisce la casa e custodisce la città, invano ha vegliato il custode" (cf. Sal 126(127),1). E così tornò dall'anziano, spossato e prostrato più di quando passava settimane intere a digiunare. Quando l'anziano lo vide mortificato e umiliato, lo accolse con gioia con fare gioviale. I due pregarono e si misero a sedere in silenzio per un'ora. Poi l'anziano disse: "Figliolo, il Dio filantropo ha preso un impegno con te e non ha lasciato che il nemico ti assoggettasse a lui, poiché è sua usanza ingannare sempre chi cammina sul sentiero della virtù con modalità che sembrano giuste ma con le quali egli li conduce all'orgoglio e ingiunge loro di profondere un impegno titanico in una moltitudine di virtù finché, da questo pendio, non li fa crollare disastrosamente. Presso Dio, infatti, non c'è nulla di abominevole quanto il morbo dell'orgoglio e non vi è nessuna virtù pari all'umiltà. Medita, dunque, queste due cose a partire dalla parabola del fariseo e del pubblicano, poiché alcuni anziani affermano che spesso gli eccessi sono opera dei demòni. Cammina, dunque, sulla via regale, come dice la Scrittura, e non deviare né a destra né a sinistra[21]. In tutte le cose, mantieniti al centro. Il tuo pasto sia ogni sera e, se capita una malattia o un qualsiasi impedimento, comportati secondo quanto richiesto dalla situazione. Allo stesso modo, se la situazione richiede di violare l'ora fissata[22], non rattristarti; e se sei costretto a mangiare in un giorno non permesso[23], tu mangia, poiché, infatti, 'non siamo sotto la legge ma sotto la grazia' (Rm 6,14). Quando mangi, non ti saziare, ma mangia poco, soprattutto i cibi deliziosi. Ama sempre ciò che è umile e custodisci il tuo

[21] Cf. nota 13, p. 94.
[22] Ovvero non attendere l'ora fissata per il pranzo, di solito alle 15.
[23] Ovvero un giorno in cui bisognerebbe digiunare.

cuore, poiché il profeta dice: 'Il sacrificio per Dio è uno spirito contrito e Dio non respinge il cuore umile e spezzato' (Sal 50(51),19). E ha anche detto: 'Mi sono umiliato e il Signore mi ha salvato' (Sal 114(116),6). Il Signore dice per bocca del profeta Isaia: 'Chi guarderò se non il mite che teme le mie parole?' (Is 66,2). Affida, dunque, figliolo, tutta la tua fiducia al Signore (cf. Sal 54(55),23) e va' per la tua via in pace, ed egli ti beneficerà facendo uscire come luce la tua giustizia e il tuo giudizio come il meriggio (cf. Sal 36(37),6)". Dopo aver sostenuto il fratello con molte parole, lo lasciò partire gioioso nel Signore. Camminando cantava dicendo: "Coloro che ti temono e coloro che conoscono le tue testimonianze mi faranno convertire" (cf. Sal 118(119),79). "Il Signore mi ha corretto severamente ma alla morte non mi ha consegnato" (Sal 117(118),18). "Mi corregga e mi rimproveri il giusto con misericordia" (Sal 140(141),5). Disse poi tra sé e sé: "Torna, anima mia, al luogo del tuo riposo perché il Signore ti ha beneficata" (Sal 114(116),7) e il resto della frase. Così giunse alla sua cella e visse il resto della sua vita secondo il consiglio dell'anziano[24].

Ecco, dunque, un monaco che pensa di aver sconfitto molti nemici e in cella medita il versetto di San Paolo che dice: "Non siamo capaci da noi stessi di pensare qualcosa" (2Cor 3,5). E dice: "Devo assolutamente chiedere a un anziano per capire se sto camminando bene o no". Questo monaco ha vissuto per tutta la vita nella montagna come eremita ma, a un certo punto, ha l'impressione che qualcosa in lui non vada. "Sono io a gestire me stesso. No, così non va bene. Devo consultare qualcuno". Andato da un anziano gli dice: "Sto procedendo bene o no?". E l'anziano: "Mi darai ascolto?". E lui dice: "Sì". L'anziano dice: "Allora

---

[24] Apoftegma n. 519 del *Bustān* (pp. 229-232).

va', comprati della carne e del vino". E ora, che farai abba? Questo monaco ha sentito che il Signore gli faceva capire che era lui a gestire la sua vita monastica. Camminava, sì, ma con una regola personale, non secondo le regole monastiche. Chiedendo consiglio è riuscito a capire che stava andando nella direzione sbagliata e che stava coltivando il suo ego. Dio ha voluto metterlo a punto.

Uno dei presenti commenta: C'è un detto famoso: "Se vedi un giovane che sale al cielo di sua iniziativa, afferralo per il piede e tiralo giù. Ciò è meglio per lui"[25]. La chiave qui è rappresentata dall'espressione "di sua iniziativa".

Anba Epiphanius: Sì! Si tratta di un giovane che sale verso il cielo! Ci può essere qualcosa che dia più gioia di questo? Ve lo dico davanti a Dio: se vedessi qualcuno di voi salire al cielo, proverei una gioia indescrivibile! Ma, fate attenzione a quanto detto da abuna: "...che sale... di sua iniziativa". Eppure, potrebbe salire verso il cielo obbedendo al suo padre spirituale, mentre è ancora all'inizio della vita monastica. Forse vi ricorderete un'altra storia:

> Un padre raccontò di aver visto quattro posizioni elevate in cielo. La prima: un malato che rende grazie a Dio. La seconda: un sano che ospita gli estranei e dà riposo ai deboli. La terza: un solitario nel deserto che lotta. La quarta: un discepolo che obbedisce fedelmente a suo padre a motivo di Dio. Egli ha trovato che la posizione del discepolo è più elevata rispetto alle altre tre e ha affermato di aver chiesto a colui che gli aveva mostrato ciò dicendo: "Come è possibile che colui che è il più piccolo degli altri sia diventato colui che ha la posizione più grande?". Gli rispose: "Ognuno di loro fa il bene secondo la

---

[25] Apoftegma n. 664 del *Bustān* (p. 271).

propria volontà. Costui, invece, ha reciso la propria volontà per Dio e ha obbedito al suo maestro. L'obbedienza a motivo di Dio è la virtù più nobile[26].

Secondo questo padre il discepolo che ha vissuto obbedendo al suo padre spirituale era nella posizione più elevata. Come ha potuto questo monaco innalzarsi al di sopra degli altri? Gli altri praticano la virtù con la loro volontà. Questo monaco obbediente, invece, ha reciso la sua volontà.

Dio ci doni una via benedetta e santa. Tutto ciò che ci è chiesto è consultare il nostro padre spirituale. Allora la nostra lotta sarà secondo le regole e non un correre fuori dalla pista.

Uno dei presenti chiede: E se il padre spirituale crea problemi con altri monaci, che si fa?

Anba Epiphanius risponde: Va' da lui e digli: "Abuna, concordo con l'indicazione che mi hai dato, ma abuna Tal dei tali se l'è presa con me e abuna Tizio ce l'ha con me. Che devo fare?". Diglielo, non temere! Hai consegnato la tua vita a qualcuno che si occupa di te. Sì, l'hai consegnata a Cristo, ed è lui che si occupa di te. Questa è la dolcezza insita nella nostra vita: con il minimo sforzo, puoi ottenere il Regno. Ti dico con il minimo sforzo. Il monaco, di cui abbiamo letto la storia, ci ha messo cinquant'anni per tornare allo stato in cui era all'inizio della sua vita monastica. Suo fratello, invece, con un salto è andato molto più avanti di lui, tanto avanti che l'altro non è riuscito a raggiungerlo. Dunque, se accade qualcosa come conseguenza dell'orientamento ricevuto dal tuo padre spirituale, torna da lui e

---

[26] Apoftegma n. 666 del *Bustān* (pp. 271-272).

diglielo senza imbarazzo. Se sei fedele, egli sarà fedele con te e ti ritroverai a correre sulla via, e la via ti si spalancherà davanti.

Uno dei presenti chiede: E se con la coscienza non mi sento a posto?

Anba Epiphanius risponde: Talvolta il mio mettere a posto la coscienza può nascondere il tentativo di accontentare il mio ego. All'inizio dobbiamo educarci a obbedire. Per farlo c'è bisogno di uno sforzo spirituale, ma poi vedremo che correremo. Quando l'obbedienza diventa parte di te stesso, la guerra contro di te si placherà.

Uno dei presenti chiede: Che ne pensa del detto: "Non affidare la responsabilità della tua salvezza a tuo padre"?

Anba Epiphanius: Qui non parliamo di salvezza. Che significa affidare la responsabilità della salvezza a tuo padre? Significa dire: "Il mio padre spirituale mi ha detto di pregare. Io pregherò e succeda quel che succeda!". C'è un che di avventato. "Non affidare la responsabilità della tua salvezza a tuo padre" significa che tu non ti sforzi per niente. Hai davanti a te la pista e dici: "Lui mi ha detto di stare nei limiti della pista. Eccomi qui dentro la pista. Non farò alcuno sforzo per fare niente". C'è un che di fatalismo. Non è questo che bisogna intendere per lotta secondo le regole. Ci fermiamo qui.

LA LOTTA SPIRITUALE[1]

L'incontro si svolge dopo cena in una stanza chiamata "Magdala", sorseggiando una tazza di tè, in un'atmosfera calorosa e cordiale. Più volte anba Epiphanius chiede a uno dei novizi di spostare la tazza da tè che gli era stata messa davanti adducendo varie scuse: "Ho bisogno dello spazio qui davanti, toglila per favore". Il novizio insiste perché la tenga davanti a sé, in modo da poter sorseggiare il tè. Alla fine, la tazza viene tolta. Dopo una presentazione da parte del maestro dei novizi, anba Epiphanius apre la collatio *con una riflessione sulla tazza da tè che gli era stata data:*

Anba Epiphanius: Non appena sono entrato ho notato che a me avevate messo una tazza da tè in ceramica enorme, mentre tutti voi avevate un normale bicchiere di vetro. Allora mi è venuta in mente una storia che si trova negli Apoftegmi dei Padri del deserto che adesso vi racconto.

Di san Pacomio si racconta che una volta stava compiendo un lavoro con i fratelli e che tale lavoro necessitava che ognuno di loro portasse una gran quantità di pane. Uno dei giovani gli disse: "Non sia mai che tu porti qualcosa, padre. Ecco, io porto ciò che basta per me e per te insieme". Gli rispose il santo: "Non sia mai. Se del Signore è stato scritto che ha

---

[1] *Collatio* tenutasi al Monastero di Bose il 10 settembre 2015 insieme a postulanti e novizi della comunità. L'incontro è stato registrato e dunque viene tradotto parola per parola.

voluto somigliare ai fratelli in ogni cosa (cf. Eb 2,17), come potrei io ignobile distinguermi dai miei fratelli così da non trasportare il mio carico come loro?"[2].

Avete capito lo spirito con cui iniziamo? Nessuna discriminazione. Noi tutti – giovani, anziani – siamo dei principianti sulla via di Cristo.

Poi un novizio chiede: Chi è il monaco per lei?

Risposta di Anba Epiphanius: Esistono molte definizioni di monaco. Negli Apoftegmi esiste una storia su Mosè l'etiope.

> Fu detto: una volta abba Mosè andò a prendere dell'acqua e trovò abba Zaccaria al pozzo che pregava e lo Spirito di Dio era su di lui. Gli chiese: "Padre, dimmi cosa devo fare per salvarmi". Non appena sentì la frase, si gettò a terra con la faccia ai suoi piedi e gli disse: "Padre mio, non chiedere a me". Rispose abba Mosè: "Credimi, figlio mio Zaccaria, che ho visto lo Spirito di Dio su di te e perciò mi sono sentito guidato dalla grazia di Dio a domandare a te". Zaccaria, allora, preso il suo cappuccio, se lo mise sotto i piedi e lo schiacciò. Poi lo raccolse e se lo rimise in testa dicendo: "Se il monaco non diventa così stritolato[3] non si salva"[4].

Con ciò non voglio dire che il monaco debba cercare il disprezzo o debba sentirsi come calpestato da un altro. Voglio piuttosto dire che, soprattutto all'inizio, l'obbedienza è una delle virtù più importanti. Chi non inizia con l'obbedienza proseguirà con difficoltà nel cammino. In questi

---

[2] Apoftegma n. 75 del *Bustān* (p. 48).

[3] In arabo il termine *munsaḥiq*, usato qui, può significare sia "stritolato", "schiacciato" che "contrito".

[4] Apoftegma n. 196 del *Bustān* (p. 101).

anni ho notato un'altra cosa e cioè che nella vita monastica esiste una sola via, non due: o si è monaci o non si è niente. Ed è impossibile essere entrambe le cose.

Un novizio chiede: In che modo si declina l'obbedienza, soprattutto nel monastero da cui lei proviene? Fino a che punto viene spinta?

Risposta di Anba Epiphanius: Per noi monaci obbedienza significa obbedienza assoluta al monaco che è responsabile di noi. Se il monaco responsabile vi dà un ordine giusto e voi lo eseguite, otterrete la benedizione che deriva dall'obbedienza. Se il monaco responsabile di voi vi dà un ordine sbagliato e voi lo realizzate, dell'errore è responsabile lui mentre voi ottenete la benedizione che deriva dall'obbedienza. E ne avete guadagnato. Una delle domande che più di frequente mi viene posta in monastero è: perché, dopo un certo pezzo di strada, il monaco dimentica perché è entrato in monastero? A questo proposito c'è una storia che è stata anche menzionata da padre Matta El Meskin: la storia della lepre e dei cani.

Ad abba Ilarione fu chiesto: "Come può un fratello operoso non essere scandalizzato quando vede altri monaci ritornare nel mondo?". L'anziano disse: "È bene che consideri i cani da caccia che ricorrono le lepri. Non appena uno di questi cani, avvistata la lepre, si mette a cacciare, gli altri cani, che sono suoi compagni, guardano quel cane correre, e, sebbene corrano con lui per un certo periodo, alla lunga diventano esausti e tornano indietro. Lui, invece, continua a correre da solo, e nulla lo ostacola nella sua corsa a testa in avanti. Si sforza di avanzare, e non si ferma né smette di correre a causa di coloro che sono rimasti indietro, ma corre fino a che non ha raggiunto ciò che vede, come ho già detto, e non teme né le pietre che sono sul suo percorso, né i rovi spinosi, e continua a correre in mezzo alle spine. Sebbene venga sbrindellato e lacerato da esse, non si ferma né smette di correre. Così, anche per il fratello che auspica mettersi alla sequela dell'amore di Cristo, è bene che egli fissi il suo sguardo sulla Croce, fino a che non raggiunge Colui che è stato crocifisso, sebbene egli veda tornare indietro altri che hanno iniziato [a correre]"[5].

Questo vale per noi. Se qualcuno entra in monastero senza avere, fin dall'inizio, chiaro lo scopo e il motivo, se non entra per il monachesimo in sé, è meglio che torni a casa. Io non so qui da voi, ma da noi in Egitto ci sono tanti motivi per diventare monaci. Ci sono quelli che entrano per diventare preti; altri, per diventare vescovi; altri, per racimolare soldi; altri, per farsi baciare le mani. Queste sono storie reali nei nostri monasteri dove davvero si possono trovare persone che si sono fatte monaci soltanto per farsi baciare le mani. Se lo scopo iniziale è sbagliato, già dopo poco tempo – due o tre anni – il monaco inizia a non rispettare più la propria regola di preghiera, a non fare più il suo dovere monastico, a non lavorare più, eccetera.

Un novizio chiede: Io continuerei sull'approfondimento perché io capisco in teoria questa dimensione dell'obbedienza. La regola di Benedetto parla dell'obbedienza all'abate per qualsiasi piccola cosa. Ma questo nella pratica mi sembra abbastanza irreale. Anche Gesù ha detto 'Amatevi gli uni gli altri come io vi ho amati'. Che cosa significa essere obbedienti a questo? Voglio dire: c'è un'obbedienza generale che però va declinata nelle cose veramente più

---

5 *Paradiso*, libro 2, detto n. 212, p. 199. Cf. anche la versione abbreviata in *Sistematica*, VII, 42 (cf. ed. it., p. 241).

piccole. E ciò significa che per ciascuna di queste piccole cose bisognerebbe avere il parere di chi ci accompagna?

Anba Epiphanius: Una volta si applicava la pratica dei Padri del deserto secondo cui non bisogna fare nulla senza chiedere al proprio responsabile. Qual è lo scopo di tutto ciò? Se mi esercito fin dall'inizio a obbedire a tutto, anche nelle piccole cose, è impossibile che un giorno violerò le regole del monastero. Se sto attento alle piccole cose, starò attento anche alle grandi. Esiste a questo proposito una storia che non si trova nel *Bustān* e che vorrei raccontarvi.

In un monastero fu imposto un regime di clausura. Un monaco anziano si ammalò e volle andare in città a farsi curare. Chiese dunque l'autorizzazione all'abate che gliela negò. L'anziano, stizzito, rispose: "Questa è una regola che vale per i novizi, non per me che sono anziano! Hai paura che un anziano pecchi?". Partì, allora, per la città con lo spirito di disobbedienza all'abate. Dopo essersi curato, l'anziano peccò con una donna. Dopo aver atteso in città fino a che la donna non avesse partorito, tornò al monastero con il bambino. Si mise a suonare la campana del monastero e disse agli anziani: "Eccovi, padri, il frutto della disobbedienza"[6].

È il contrario della storia di Giovanni Kolobós: "Ecco il frutto dell'obbedienza"[7]. Giovanni Kolobós era ancora novizio. Nell'altra storia, invece, ci troviamo di fronte a un anziano. Il novizio, obbedendo, ha ottenuto la benedizione

---

[6] Cf. *Sistematica*, V,40 (cf. ed. it., p. 187) e N 187.
[7] Apoftegma n. 223 del *Bustān* (p. 122). Cf. *Alfabetica,* Giovanni Nano 36.

dell'obbedienza al principio della via. L'anziano, disobbedendo, ha perso tutto ciò che aveva acquisito negli anni.

Un novizio chiede: Prima ha detto che quando il novizio obbedisce anche ad un errore, il demerito è di chi lo accompagna. Ma allora dove va a finire la coscienza del novizio?

Anba Epiphanius: Quando dico obbedienza a una cosa sbagliata escludo che il comando che ti viene dato ti allontani da Cristo, ti porti fuori dal monastero o possa essere causa di un grave danno al monastero. Obbedire a una cosa sbagliata ti serve a coltivare in te l'abitudine all'obbedienza. C'è una storia che voglio raccontarvi. Anba Theofilos, abate del Monastero di al-Suriyan in Egitto, aveva l'abitudine di mettere alla prova il novizio in questo modo: gli dava da piantare una rapa al contrario, con le foglie in basso e la radice in alto. Molti novizi, nel piantare, pensavano tra sé e sé: "Sicuramente l'abate non si è reso conto di quello che ha detto. Certamente intendeva dire che bisogna piantare la rapa con la radice in basso". E la piantavano correttamente. Quando l'abate andava a controllare e vedeva le rape piantate correttamente diceva: "Figliolo, qui piantiamo monaci, non rape!".

Un novizio chiede: Nel caso in cui l'obbedienza rovini la tua pace interiore o ti spinga a peccare, per esempio nel pensiero, che cosa bisogna fare?

Anba Epiphanius: Che ordine può dare un maestro dei novizi a un novizio che possa fargli perdere la pace interiore? Non dimenticarti che il maestro dei novizi è stato scelto in maniera molto precisa per un compito molto preciso. Il maestro dei novizi ha due responsabilità: una davanti all'abate e un'altra davanti alla propria coscienza perché sa che è responsabile di voi davanti a Cristo. Non ti darà mai un comando che metterà a dura prova la tua coscienza o creerà un danno al monastero.

Il novizio commenta: Lo spero.

Anba Epiphanius continua: Nel nostro monastero le lodi iniziano alle 4 del mattino. Alcuni monaci, a un certo punto, si sono detti: "Perché iniziare alle 4? Cominciamo alle 6!". Poco dopo, non sono più venuti alla preghiera. Si sono detti: "Facciamo le lodi in cella!". Poco a poco, però, sono arrivati al punto di non pregare più, neanche in cella. La loro idea all'inizio non era 'non andiamo alla preghiera' ma 'ritardiamo l'orario'. Eppure, così facendo, non solo hanno mancato l'appuntamento quotidiano con le lodi ma hanno smesso di pregare *tout court*.

Un novizio chiede: Credo che l'idea di peccare nel pensiero sia legata al fatto di credere di saper fare meglio la cosa richiesta. Sotto si nasconde l'orgoglio. "Io questa cosa saprei farla molto meglio così". La storia del cappuccio che lei ci ha raccontato credo sia legata alla rinuncia di sé per mettersi nelle mani di un altro. Volevo sapere: nella sua storia, ha vissuto questo conflitto con l'obbedienza?

Anba Epiphanius: Questo conflitto l'ho vissuto tantissime volte. Padre Matta el Meskin era il responsabile di tutto il monastero e le sue decisioni riguardavano tutte le attività. Queste decisioni venivano comunicate ai padri confessori all'interno del monastero, a cui magari le decisioni non piacevano, per cui le filtravano a loro modo. Ci trovavamo, così, in difficoltà: a chi obbedire? Al padre spirituale del monastero (Matta el Meskin) o al padre confessore? Alla fine ho capito che, in ogni caso, se non obbedivamo ci perdevamo noi come monaci. Il monastero non ci perdeva nulla. Ma noi, in quanto monaci, ci perdevamo molto. Il nostro monastero, fin da quando sono entrato, ha avuto sempre tantissimi lavori. Non so qui da voi come funziona. Spesso i monaci, dopo aver lavorato per tanto tempo da qualche parte – nell'allevamento, nella tipografia, eccetera – chiedono di cambiare lavoro. Lo dico con sincerità: da quando sono entrato in monastero non ho mai chiesto di cambiare lavoro. Se mi fanno lavorare da una parte accetto, se mi spostano da un'altra parte mi lascio spostare. Ho sempre creduto che, se mi fosse stato chiesto di cambiare lavoro e io mi fossi stancato di questo nuovo lavoro, la responsabilità sarebbe stata di chi mi ha chiesto di cambiare, e avrei potuto chiedere di essere spostato. Ma se fossi stato io stesso a chiedere di cambiare, mi sarei vergognato di chiedere di cambiare ancora, perché mi sono scelto da solo il lavoro. Per esempio: io non capivo niente di economato. A un certo punto, l'economo del monastero ha dato le dimissioni. Il *rubbēta*[8] è venuto da me e mi ha chiesto, scherzando: "Lo sai che l'economo si è dimesso? Ti va di farlo tu al posto suo?". Io ho risposto: "Perché no?". E lui: "Dici sul serio? Padre Matta el Meskin stesso ti ha suggerito. Ti va di prenderti questa responsabilità?". Al che ho risposto: "Se abuna[9] ti ha detto di dire a me di farlo, lo faccio". E fu così che per vent'anni ho fatto l'economo del monastero. Nonostante non capissi nulla di ragioneria! Obbedendo, ho percepito che il Signore mi aiutava. Ve lo dico

---

[8] Cf. nota 26, p. 31.

[9] Nel Monastero di San Macario quando si dice "abuna" senza specificare il nome, si intende abuna Matta el Meskin.

con sincerità, senza alcuna arroganza. Sentivo che il Signore lavorava insieme a me. Tanto che il direttore della banca con cui noi trattiamo è venuto in monastero e mi ha lodato di fronte ad abuna [Matta] dicendo: "Questo monaco è uno dei migliori economi con cui abbia mai avuto a che fare!".

Un novizio commenta: È come sentirsi vuoto e aspettare qualcuno che ti riempie.

Risposta di Anba Epiphanius, dopo una lunga pausa: Direi che è la sensazione di essere orfani. La pienezza, come l'ho sperimentata in monastero, riguarda più l'aspetto spirituale. Si ottiene attraverso tre vie: la Scrittura, la preghiera e l'Eucarestia. La via che più delle altre ti fa sentire l'amore di Dio, sarà quella che più ti riempirà. C'è chi, per esempio, stando piegato sulle Scritture cinque o sei ore al giorno, ha la sensazione, alla fine, di essere sazio, di aver fatto un pasto abbondante. Lo stesso vale per la preghiera o per l'Eucarestia.

Un novizio chiede: Come si arriva a sentirsi orfani?

Risposta di Anba Epiphanius: Nel momento in cui lasciamo le nostre famiglie ed entriamo in monastero (anche qui è così?), iniziamo a essere orfani. Se entro in monastero con un obiettivo sbagliato, dopo un po' inizierò a sentirmi orfano della mia famiglia perché non ho tagliato il cordone ombelicale che mi lega ad essa. Può succedere già dopo il primo mese. Se, invece, entro con un obiettivo chiaro e corretto è difficile che sentirò una nostalgia ingovernabile verso la famiglia. Se il mio obiettivo è sbagliato il mio taglio dei rapporti è inficiato dalla motivazione sbagliata e dunque non è eseguito correttamente. In questo caso, sentirò di essere orfano verso la mia famiglia, oppure verso cose irrilevanti, come questo biscotto: il fatto di non potere avere il biscotto che mi piace mi fa sentire male. In realtà, noi dobbiamo sentirci orfani di tutto, sentirci vuoti per ogni cosa, e aspettare Colui che ci colma.

Un novizio chiede: L'esperienza che faccio io, la maggior parte delle volte, è il contrario, in verità. Di non essere orfano e non di avere spazio per tutto ciò che ha detto prima perché sono troppo pieno. E quindi, molto concretamente, all'Eucarestia spesso non ci sono.

Risposta di Anba Epiphanius: Il motivo per cui sei uscito dal mondo era giusto. Ringrazia Cristo per questo e continua a camminare[10].

Un novizio chiede: Può raccontarci qualcosa della lotta contro i pensieri e della vita in cella?

Anba Epiphanius: La guerra dei pensieri durerà fino alla tomba. Non credere che, invecchiando, essa si mitigherà. Gli anziani del nostro monastero ci dicevano sempre che il miglior metodo per combattere i pensieri è non lasciare mai il bicchiere vuoto [indicando il bicchiere]: se riempio questo bicchiere, è difficile che qualche altra cosa che non voglio sia capace di riempirlo. Fin tanto che il cuore e la mente sono occupati con cose buone e belle – non solo sante – ma cose buone e belle, sarà difficile che altri pensieri ti facciano la guerra. Può trattarsi del tuo lavoro in monastero, di uno studio particolare – che so, di liturgia – di una cosa

---

[10] Anba Epiphanius interpreta qui il "all'Eucarestia non ci sono" del novizio non come "distrazione", come probabilmente intendeva il novizio, ma come "estasi". È per questo che lo loda.

particolare di cui ti stai occupando, l'importante è tenere il bicchiere pieno.

Un novizio chiede: Qual è il giusto rapporto tra lavoro, riposo e preghiera?

Anba Epiphanius: Il giusto equilibrio è dato da questo: dedica al lavoro le ore che ti indica il monastero, che sono di solito un terzo della giornata. Una parte essenziale della giornata è costituita dal lavoro perché il lavoro è fondamentale per l'uomo. Il lavoro è una benedizione di Dio per il monaco: lo protegge da tanti problemi, da tanti pensieri, oltre a essere lo strumento attraverso cui può offrire dedizione e amore ai suoi fratelli. In base alla mia esperienza in monastero, posso dire che i monaci che più di tutti hanno faticato nel lavoro e che hanno ricostruito il monastero sono anche quelli che sono più costanti nella preghiera comune. I monaci che erano più fedeli al proprio lavoro sono quelli che attualmente hanno più successo nella vita eremitica. Un monaco da noi è ingegnere edile. Ci sono stati anni in cui costruivano il monastero nei quali lavorava con gli operai fino a mezzanotte. Poi andava in cella, faceva i disegni per il giorno dopo, poi dormiva e si svegliava alle 3 per la preghiera. E così di seguito. Un giorno un gruppo era in visita all'allevamento delle vacche. Una persona allora ha chiesto al monaco lì presente: "Tu di cosa ti occupi?". E lui ha risposto: "Allatto i vitelli". "E quando preghi?". "Prego durante il lavoro". "Non ci credo". "Guarda quel monaco lì", rispose il monaco. L'altro guardò: era questo monaco di cui vi parlo. Quando lo ha visto ha risposto immediatamente: "Hai ragione, ora ti credo". Puoi ottenere una benedizione maggiore pregando mentre lavori – anche quando il lavoro è molto duro, e da noi ci sono stati lavori durissimi – rispetto a un monaco che sta in cella e che è impedito dai pensieri a fare qualunque cosa. Questo monaco è tra quelli che scrive più libri in monastero, che più di altri conosce lingue eccetera. Con questo voglio dire che il Signore benedice il poco tempo a tua disposizione molto più del tempo maggiore a disposizione di chi poi alla fine non riesce a concludere nulla. Questa è un'esperienza che farai tu stesso in monastero e che, a tua volta, passerai a chi verrà dopo di te.

Uno dei presenti dice: Una domanda finale per riassumere lo spirito con cui siamo qui. Venendo a Bose noi diciamo che il fine ultimo della nostra vita monastica è raggiungere una vera comunione di fratelli e quindi vivere il comandamento nuovo che il Signore ci ha consegnato. Tante cose le possiamo correggere nel tempo, tanti difetti si possono correggere, ma l'obiettivo comune è volerci bene come fratelli. E allora una parola di anba Epiphanius su come nel monastero di San Macario quest'orizzonte dell'amore fraterno, dell'amore che tiene unita la comunità e dà senso alla nostra vita, viene trasformato anche nella concreta vita della comunità.

Anba Epiphanius: Per noi il lavoro è molto importante. Il lavoro e i servizi sono l'occasione per dimostrare amore gli uni agli altri. Se gli elementi del sacrificio e dell'amore mancano nel lavoro, possiamo arrivare al punto di litigare sul lavoro: incomincio a sentirmi più bravo di te, con più titoli di te eccetera. Incomincio a pensare alle mie doti naturali che il Signore mi ha dato e non a come posso voler bene a mio fratello e sacrificarmi per lui. Il lavoro, così fatto, può essere eseguito a opera d'arte. Ma non giungerò mai a provare la gioia nel cuore. Incominci a vedere allora che il sistema dà segni di cedimento, non si eleva. Devo sempre considerare che il mio scopo principale è come amare i miei fratelli a cui non bisogna premettere il mio amore per il lavoro. Se io mi pongo davanti sempre, ogni giorno, questo obiettivo, eviterò di deviare dalla via monastica.

Lo stesso monaco commenta: Shukran! Che vuol dire grazie!

Anba Epiphanius: Sono molto contento di essere con voi qui stasera. Vi prego soltanto di non dimenticarvi di me nelle vostre preghiere. Quando farete professione – *'in sha' Allah* – venite a trovarci e a darci la vostra benedizione da noi al Monastero di San Macario.

OGNI PENSIERO CHE CI SPINGE
AD AMARE DI PIÙ È SANTO[1]

Il 21-22 maggio 2016 anba Epiphanius ha partecipato al primo convegno internazionale su padre Matta el Meskin che si è tenuto al Monastero di Bose, in collaborazione con il Monastero di San Macario e con la benedizione di papa Tawadros II, alla presenza di metropoliti, vescovi, sacerdoti, monaci, ricercatori e fedeli di tanti paesi e chiese diverse. Alla fine del convegno, i monaci di Bose hanno chiesto ad anba Epiphanius di poter avere un dialogo aperto con lui su alcuni temi monastici. Alla collatio, *che si è tenuta nella stanza chiamata "Bethel" ha partecipato tutta la comunità.*

Anba Epiphanius: Vi ringrazio tantissimo per l'amore che mi avete dimostrato in questi giorni. Sono contentissimo di aver ricevuto la vostra benedizione. Per iniziare non ho un argomento specifico di cui parlarvi. Vi leggerò un passo tratto dalla collezione copto-araba dei Padri del deserto, il *Bustān al-Ruhbān*. Iniziamo così, poi se volete fare delle domande, vediamo come procedere.

In un detto si legge:

Raccontò un anziano che una notte, mentre pregava nel

---

[1] *Collatio* tenutasi al Monastero di Bose il 26 maggio 2016 insieme a tutta la comunità. L'incontro è stato registrato e dunque viene tradotto parola per parola.

deserto interiore, sentì un forte squillo di tromba come fossero trombe di guerra. Si meravigliò pensando che il deserto era disabitato e che non vi era nessuno. Da dove proveniva, dunque, quel suono di tromba? Forse che si preparava una guerra? Ed ecco che satana gli si parò dinnanzi e, ad alta voce, gli disse: "Sì, monaco! È guerra! Se vuoi, combatti. Altrimenti consegnati ai tuoi nemici!"[2].

Questo detto, malgrado la sua semplicità, traccia gli elementi significativi della via monastica. Spesso coloro che entrano in monastero hanno l'illusione di andare a vivere in una comunità di santi. E questa è un'idea sbagliata. Il monastero è una comunità di persone che si pentono, non una comunità di santi. Non so come funziona qui da voi, ma credo che se in un monastero non ci sono guerre, vuol dire che qualcosa non funziona. Lo strumento che più di tutti satana utilizza per muoverci guerra è l'amore reciproco, facendoci dubitare dell'amore che abbiamo gli uni per gli altri. Spesso leggiamo che ciò che ci farà entrare nel Regno dei Cieli è il mio amore per i fratelli. È grazie a mio fratello, a mia sorella, che giungerò al Regno dei Cieli. Non è né grazie alla mia preghiera, né grazie alla mia ascesi.

Ecco, vorrei iniziare così. Credo che la situazione qui da voi sia simile a quella che viviamo da noi.

Domanda: Io vorrei chiedere una cosa. Ho letto in "Comunione nell'amore" di Matta el Meskin un capitolo sul rinnegamento di sé[3]. È un testo a cui sono affezionata da

---

[2] Apoftegma n. 701 del *Bustān* (p. 283).

[3] Si fa riferimento qui alla catechesi del 1971, *Naṣāʾiḥ li-ruhbān ǧudud* (Consigli a dei neomonaci), letta al primo gruppo di neo-monaci macariani, dopo l'ingresso di padre Matta el Meskin e del suo gruppo

lungo tempo. Volevo sapere come avviene in pratica nel vo-stro monastero, come lei lo vede. È un cammino lineare per cui a un certo punto un monaco o i monaci arrivano a que-sto oppure ci sono degli sbandamenti?

Anba Epiphanius: Non voglio che voi pensiate che il Monastero di San Macario sia una comunità di santi, come ho detto. È una comunità di persone che lottano. Ci sono persone che sono molto avanzate nella via ed altre che sono rimaste molto indietro. Ci sono monaci che sono giunti a livelli altissimi di rinnegamento di sé nonostante siano fi-gure importanti in monastero, ed altri che rifiutano ancora oggi perfino l'idea del rinnegamento di sé. I monaci che hanno percorso la via dell'obbedienza che porta al rinnega-mento di sé – credetemi – abbiamo la sensazione che siano luci radiose che risplendono in mezzo a noi. Sono loro a cu-stodire il nostro cammino. Quando sono arrivato in mona-stero un nostro fratello era il responsabile di tutti i lavori. Mi considero suo figlio spirituale nella vita monastica. Dopo che sono stato ordinato vescovo, ogni volta che mi vede è come se vedesse Cristo. Mi mostra un amore incredi-bile! E mi ubbidisce in un modo che mi commuove. Ecco, ho la sensazione che un monaco così è capace di riquadrare la mia vita monastica: uno più anziano di me che si sotto-mette a me. Ti ho risposto in questo modo?

Domanda: Io vorrei fare una domanda. Vorrei chiedere se può dirci una parola su come bisogna affrontare i cambi generazionali in un monastero. Si sa che le difficoltà e le

---

di discepoli al Monastero di San Macario, avvenuto nel 1969. È stata tra-dotta in italiano con il titolo "Rinnegare se stessi" e pubblicata in Matta el Meskin, *Comunione nell'amore*, Qiqajon, Magnano 1999, pp. 147-161.

paure sono da entrambi i lati, da parte degli anziani che vivono il lutto del lasciare lo spazio al nuovo, e da parte dei più giovani che si chiedono se possono essere veramente all'altezza di chi li precede. Quindi, come vivere questa delicata dinamica alla luce dell'insegnamento e della persona di Cristo? Può parlarci di come vivete quest'esperienza a San Macario? Grazie.

Anba Epiphanius: La cosa più importante che indica al monaco la via da percorrere, affinché cammini in modo corretto, è lo scopo per il quale è entrato in monastero. Perché mi sono fatto monaco? Questo è un quesito fondamentale. Sono entrato in monastero per riformare un certo monastero o la vita monastica? Oppure sono entrato in monastero per la mia salvezza personale[4]? C'è una tentazione che riguarda sia gli anziani che i giovani: gli anziani ritengono che devono essere loro a fare da guide nel cammino monastico mentre i giovani pensano di riformare la vita monastica. Se anziani e giovani dimenticano il motivo e lo scopo per cui sono usciti dal mondo per andare nel deserto, la bilancia generazionale traballa. È allora che ogni giorno iniziano le battaglie, ogni giorno i problemi, si inizia a dubitare dell'abate, degli anziani. Credo tutti conosciate bene la storia dei cani e della lepre[5]...

Domanda: Secondo lei, in base alla sua esperienza, che cosa cerca chi si avvicina alla vita monastica per diventare monaco e quali sono le illusioni che oggi si incontrano più frequentemente?

---

[4] Cf. nota 72, p. 67.
[5] Cf. *Paradiso*, libro 2, detto n. 212, p. 199. Cf. anche la versione abbreviata in *Sistematica*, VII, 42 (cf. ed. it., p. 241). Citato a p. 181.

Anba Epiphanius: C'è chi si fa monaco per problemi economici in famiglia così in monastero trova da mangiare e da bere. C'è chi si fa monaco perché vuole diventare prete e farsi baciare le mani. I motivi per l'entrata in monastero variano da persona a persona. Soltanto chi entra per la propria salvezza riesce a proseguire il cammino. C'è un detto dei Padri del deserto che dice "chi non produce un frutto buono sul posto, sarà espulso dal posto stesso"[6]. Ciò si traduce nel fatto che o lui stesso esce dal monastero e torna nel mondo, oppure continua a vivere in monastero pur avendo abbandonato di fatto la vita monastica. E questo è il tipo più difficile da trattare perché vive torturandosi: vive in mezzo a noi, prega con noi, ma non vuole fare più vita monastica. È per questo che i Padri mettevano sempre l'accento sullo "scopo retto" per cui si entra in monastero.

Domanda: Oggi Daniel ci ha fatto una bella omelia sul pericolo di voler essere a tutti i costi umili e nel cadere spesso in una falsa umiltà, cioè il volersi mettere all'ultimo posto. Volevo sapere se ha una parola su questo argomento e come potersi difendere da questo pericolo.

Anba Epiphanius: Padre Matta el Meskin diceva sempre che "l'ultimo posto" non è l'ultima sedia in chiesa. L'ultimo posto potrebbe essere la prima sedia, non l'ultima. C'è chi entra in monastero e si vanta di ostentare la sua umiltà: più si mostra umile, più si sente santo, più si sente grande. Questa è una contraffazione della vita monastica. Credo che l'elemento che più di tutti lo può proteggere dalla falsa umiltà è il comandamento dell'amore. Se amo i miei fratelli,

---

[6] Apoftegma n. 1044 del *Bustān* (p. 385). Cf. anche N247.

è impossibile che faccia finta di essere più umile di loro. Se li amo davvero, mi umilio per loro, mi abbasso per loro.

Domanda: Quando accoglie dei giovani in monastero che chiedono di diventare monaci, a cosa guarda principalmente?

Anba Epiphanius: Gli chiedo una sola cosa: "Perché vieni a farti monaco?". Non mi interessano né i suoi studi né la sua età né le consuetudini monastiche. Voglio essere tranquillo sulle motivazioni che lo spingono a entrare in monastero. Per l'abito? Per l'onore? O per la sua salvezza personale? Gli mostro tutto da subito. Gli dico: "Ci sono tante cose che non funzionano in monastero. La nostra comunità non è sana del tutto". Ci sono postulanti che dicono di venire per la loro salvezza personale ma poi, con il passare del tempo, appare chiaro che recitano. È una recita che può durare uno, due, tre anni fino a farsi ordinare monaci e poi vengono a galla le vere motivazioni. Dico sempre al fratello postulante: "Io non ti spio. Devi essere tu stesso a osservarti. Ma sii franco con te stesso. Se dopo un anno ti rendi conto che questa non è la tua via, sacrifica quest'anno invece di sprecarne cinquanta". Purtroppo spesso quando i ragazzi scoprono dopo un anno che non è la loro vocazione, si vergognano, trovano imbarazzo nel ritornare in famiglia e temono di essere trattati come dei falliti. Il compito principale del responsabile dei novizi è quello di scoprire, attraverso l'amore che nutre per loro, che un certo fratello non è portato per questa via. Suo compito è di dirgli, per amore suo: "Torna nel mondo. Meglio per te portare frutto in un altro modo, piuttosto che torturarti per anni in monastero".

Domanda: Sia l'altra volta che adesso, lei sottolinea il fatto che non le piacciono i monaci che chiedono di diventare preti. A me questo piace molto. Perché insiste tanto su questo?

Risposta: I nostri anziani ci insegnano che ci sono certe cose che hanno rovinato il monachesimo. La cosa che più di tutte ha rovinato il monachesimo nella Chiesa copta è il sacerdozio. Non so da voi, ma vi spiego come funziona da noi. Sacerdozio e umiltà non vanno d'accordo. Il prete si sente padre, guida, e quindi inizia a pretendere di presiedere la liturgia per gli ospiti che vengono in monastero. Per questo per noi è molto pericoloso il sacerdozio all'interno del monachesimo. A differenza, invece, di un monaco che procede rinnegando se stesso per tutto il cammino... Ecco perché abbiamo paura del sacerdozio. Il sacerdozio è entrato nella vita monastica in Egitto in modo massiccio negli ultimi cinquant'anni. Se in un monastero ci sono cento monaci, devono diventare tutti e cento preti! Secondo le regole di San Pacomio, nel monachesimo non c'è sacerdozio. San Macario è stato ordinato prete ma non ha mai presieduto liturgie eucaristiche all'interno del suo monastero. Sant'Antonio, fondatore del monachesimo, non era prete. E da noi in monastero padre Matta el Meskin non ha mai presieduto alcuna liturgia. Una delle riprove che il sacerdozio crea problemi all'interno dei monasteri è che i giovani, attualmente, all'interno dei monasteri, fanno a gara a chi diventa prete per primo!

Domanda: Io ho una domanda. È un po' delicata, non so se so ben spiegarmi. Quando un monaco ha già superato i primi tre, quattro anni e il noviziato va per le lunghe, e si vedono problemi però, insomma, a un certo punto ti prende una compassione per cui dici "Fuori sarebbe ancora più infelice", e lo tieni. Avete anche voi questo problema o sapete che questa compassione è fallimentare?

Anba Epiphanius: Abbiamo imparato da noi in Egitto che il periodo di noviziato deve essere centrifugo, non centripeto, un periodo in cui si cerca di allontanare e non di attrarre. Se allontano una persona, foss'anche con la vocazione monastica, questa può riuscire a farsi una vita normale nel mondo, e non avrà perso tanto. Ma se tengo in monastero una persona che non ha la vocazione monastica, ci perde sia lui che il monastero! Il responsabile dei novizi ha una grazia particolare. Se si rende conto che un fratello è portato per questa via e ha la vocazione ma che ha dei timori che lo ostacolano, il suo compito qui è quello di allontanare questi timori e di incoraggiarlo a proseguire.

Domanda: Io volevo chiedere se può dirci una parola sull'arte della perseveranza.

Anba Epiphanius: La catechesi che padre Matta el Meskin tenne a dei nuovi monaci metteva l'accento sull' "amore divino"[7]. Se il monaco ha nel cuore quest'amore, allora esso diventa la dinamo che gli permette di percorrere tutto il cammino e di non tornare indietro. Se quest'amore viene a mancare, il monaco inizia a seccarsi e a cadere. Amore per Dio e amore per i fratelli sono complementari fin dai primi passi sulla via. L'amore per Dio fa rimanere il monaco in Dio, mentre l'amore per i fratelli gli evita

---

[7] Cf. nota 3, pp. 194-195.

tantissimi peccati, il più grave dei quali è il peccato di giudizio e di condanna.

Domanda: Collegato a questo, ieri sera parlava della differenza di chi si lega al monastero o anche all'igumeno o al padre spirituale per amore di Cristo e chi lo fa invece con un trasporto sentimentale o emotivo verso la persona e i rischi che ci sono in questo.

Anba Epiphanius: L'amore sentimentale (*al-ḥubb al-ʿāṭifī*) viene meno cammin facendo, non perdura. Se amo mio fratello o mia sorella in modo sentimentalistico, non appena sbaglia nei miei confronti, può avvenire una rottura della relazione. Raccontavo ieri di un monaco, mio carissimo amico in monastero da tantissimi anni. Una volta mi ha telefonato e io non gli ho risposto. Si è rifiutato di parlarmi per quasi tre settimane! Questo si chiama amore sentimentale. Quando invece amiamo in Cristo, non importa quanto grave sia ciò che succede in una relazione: dopo cinque minuti è tutto passato! Mi ricordo che da noi c'era un monaco che si chiamava abuna Luqa – il Signore gli accordi riposo – che lavorava insieme a un monaco. Un giorno litigano in maniera violenta. Si separano e ognuno di loro ritorna alla sua cella. Un'ora dopo circa, abuna Luqa chiama quest'altro monaco che non voleva rispondere. Alla fine, alzata la cornetta, gli dice: "Non ti rendi conto di quello che hai fatto?". E l'altro, dall'altra parte della cornetta: "Fratello, il sole sta per tramontare!". Amare in Cristo significa questo.

Domanda: Nella sua esperienza di vita comunitaria qual è il pericolo più grande, qual è la cosa che minaccia più alla radice la vita comune?

Anba Epiphanius: Il giudizio e la condanna degli altri. Il giudizio e la condanna nascondono all'interno tanti altri peccati: la gelosia, l'invidia, l'odio, il chiacchiericcio... Condannare significa mancare in amore. E se manca l'amore, manca Cristo. In arabo lo chiamiamo il peccato del "perché-proprio-lui?" (*išmiʿnā?*). Perché proprio lui? Perché proprio lei? Quando appare questo peccato, vuol dire che l'amore si è affievolito.

Domanda: Ci può dire una parola su come custodire l'amore fraterno anche quando si è in un numero più grande, quando si è in un monastero più grande, organizzato con tante cose. Che cosa significa custodire l'amore fraterno?

Anba Epiphanius: Amore fraterno significa sapere che dall'abate, agli anziani, all'ultimo arrivato in monastero, siamo tutti venuti per convertirci. Il fatto che tutti stiamo percorrendo la via del pentimento e della conversione, significa che non ho alcun diritto di giudicare o condannare nessuno. Io ho bisogno di mio fratello perché preghi per me e mio fratello ha bisogno di me perché io preghi per lui. Non appena mi rendo conto che mio fratello geme e, entrando nella mia cella, piango per lui, io in questo modo accresco l'amore che c'è tra di noi, senza aver bisogno di dirgli che ho pregato per lui. Così facendo accresco l'amore, evito il giudizio e unifico la comunità in Cristo. Il nostro amore viene accresciuto mediante Cristo, non mediante uno sforzo personale. Tu dici che quando il monastero è grande è difficile amare. Non è difficile amare. È difficile avere delle relazioni personali. Se in un monastero ci sono duecento persone, è chiaro che non riuscirò a instaurare una relazione con tutti i fratelli. Se in un monastero, anche grande, io so che un fratello soffre e io prego per lui, io accresco il nostro amore reciproco, anche se tra di noi non esiste una vera relazione e anche laddove esista, non importa se sia buona o cattiva.

Domanda: Giovedì scorso, ai fratelli che erano in refettorio, lei ha detto una parola che mi è molto piaciuta, sulla condivisione della tavola, legata anche all'Eucarestia e al rendimento di grazie. Se può ripeterla a tutta la comunità.

Anba Epiphanius: L'anno scorso ero a tavola con padre Enzo e con noi c'era il metropolita ortodosso di Creta. Prima di mangiare abbiamo pregato. Poi abbiamo iniziato a mangiare. Allora ho chiesto a padre Enzo: "Se dopo aver pregato insieme per il cibo lo abbiamo condiviso insieme, che cosa ci impedisce di condividere anche l'unico Pane eucaristico?". Lì per lì questa cosa forse l'ho detta emozionato e commosso per l'amore che percepivo in questo posto. Ma poi, quando sono tornato in monastero, ho parlato a un gruppo di monaci della prima Lettera a Timoteo, capitolo quarto. Parlando del cibo, San Paolo dice che ogni cosa è santificata mediante la Parola di Dio e la preghiera. Se il cibo ordinario è santificato dalla Parola di Dio e dalla nostra preghiera e ci unisce gli uni agli altri, quanto più l'Eucarestia! Ecco perché, per esempio, al Monastero di San Macario, dopo la liturgia, quando si esce dalla Chiesa e si va in refettorio a consumare il pasto dell'agàpe è vietato parlare lungo il percorso perché è come se fossimo ancora in Chiesa. Un'esperienza personale: ci sono dei piatti che non mi piace mangiare e che non mangio mai da solo. Se li trovo in refettorio, invece, li mangio e sono come il miele nella mia bocca.

Riesco davvero a percepire la potenza della preghiera: quando siamo insieme, in gruppo, e preghiamo insieme sul cibo e lo condividiamo, il Signore è presente in mezzo a noi e ci unisce gli uni agli altri mediante il cibo ordinario.

Domanda di un fratello: Qui c'è una domanda per lei. È una domanda scritta da un fratello. Come riconoscere se un pensiero è menzognero? Come non lasciare che inganni il cuore?

Risposta di anba Epiphanius: Ogni pensiero che ci spinge ad amare di più è santo, ogni pensiero che ci fa dimorare più stabilmente in Cristo è santo. Ogni pensiero che crea gelosia tra me e mio fratello è un pensiero menzognero. Metti come unico filtro con cui filtrare tutti i tuoi pensieri l'amore. Sarà l'amore a preservarci nella guerra che ci muove l'Avversario. Ma, come abbiamo detto all'inizio, la guerra certamente arriverà!

Domanda di un fratello: In un'altra occasione, le abbiamo chiesto come poteva spiegare l'amore tra i fratelli nel concreto. Lei ci ha risposto che lavorare in comunità è un modo di esprimere quest'amore. Se ci può dire qualcosa in più su questo argomento.

Risposta di anba Epiphanius: Il lavoro, nella vita monastica, ha due scopi principali: mortificare il proprio ego e amare il fratello. Se il lavoro monastico esce da quest'ambito diventa un'attività commerciale, non un'attività monastica. Non importa come è organizzato il lavoro in un monastero: se vedo un fratello in difficoltà sul lavoro e lo aiuto, in questo modo gli offro amore, durante e attraverso il lavoro. Allo stesso modo, se l'abate o il responsabile dei lavori mi assegna un lavoro che non mi piace ma lo faccio, con questo lavoro pratico la mortificazione del mio ego. L'amore per i fratelli è la cosa fondamentale, più importante di qualsiasi altra considerazione. Sforziamoci di lavorare per amore dei fratelli.

Domanda di un fratello: Prima, collegando l'Eucarestia con il pasto comune, forse ne ha già parlato un po'. Può dirci come vede il ruolo dei monaci nello sforzo per accelerare l'unità tra i cristiani?

Risposta di anba Epiphanius: Il monachesimo è il cuore della Chiesa. Gli istituti teologici, i vescovi, il clero sono la mente della Chiesa. Noi abbiamo bisogno del cuore vivo che pompa il sangue nelle vene del Corpo di Cristo. Se nei monasteri i monaci non pregano per l'unità, l'unità non si realizzerà. Ne parlavamo proprio a tavola con padre Enzo: la grande lotta in corso tra le Chiese non riguarda più i dialoghi teologici e le questioni dogmatiche ma soltanto "chi di noi è più grande?". Compito del monaco è proprio quello di rompere questo circolo vizioso perché la sua opera è quella di praticare la mortificazione di sé ogni giorno. Ho detto al convegno una frase che ripeteva padre Matta el Meskin: "Credo che l'unità verrà attraverso i santi di ogni Chiesa". E con "i santi di ogni Chiesa" intendeva gli uomini santi – i monaci, i laici – che pregano per l'unità. L'unità non si realizzerà con il dialogo teologico. Non credo esista in alcuna delle Chiese un vescovo disposto a rinunciare alla sua posizione e al suo prestigio. Il monaco, invece, riesce a rinunciare in maniera naturale. Io stesso come vescovo ho questa fobia della rinuncia!

Sono contento di stare qui in mezzo a voi e contento di vedere che rinunciate alle vostre cose per stare qui ad ascoltarmi. Quello che posso dire è che il Signore accresca l'amore reciproco tra noi e tra voi, gli uni con gli altri.

Un monaco di Bose: Allora, prima gli sono state mostrate due icone di Matta el Meskin, e anba Epiphanius ha scelto questa. Gliela doniamo a nome di tutta la comunità con una dedica.

Anba Epiphanius: Per lunghi anni! Padre Matta non è stato né un teologo, né un vescovo, né un responsabile del dialogo teologico tra le Chiese però è lui che oggi ci riunisce qui tutti insieme. Il vostro è un compito importante per la realizzazione dell'unità delle Chiese, stando qui in monastero, pregando per i vescovi e per i responsabili dei dialoghi. Raccontavo ieri ad alcuni fratelli che io sento un amore perfetto e una comunione piena con voi, malgrado non sappia i nomi della maggior parte di voi!

Un monaco di Bose: Noi l'unità la cerchiamo senza muoverci di qui ma ogni tanto andiamo a San Macario!

Anba Epiphanius: È un onore per noi! Venite a trovarci in qualsiasi momento! In sha' Allah vi aspettiamo da noi in monastero. La vostra visita sarà per noi fonte di benedizioni. Ora però non voglio trattenervi qui e farvi perdere altro tempo.

Comunità: Grazie! Shukran!

Anba Epiphanius: Grazie! Shukran!

LA LAVANDA DEI PIEDI:
UNA LETTURA MONASTICA[1]

Nel Vangelo dell'evangelista Giovanni leggiamo:

Prima della festa di Pasqua Gesù, sapendo che era venuta la sua ora di passare da questo mondo al Padre, avendo amato i suoi che erano nel mondo, li amò fino alla fine. Durante la cena, quando il diavolo aveva già messo in cuore a Giuda, figlio di Simone Iscariota, di tradirlo, Gesù, sapendo che il Padre gli aveva dato tutto nelle mani e che era venuto da Dio e a Dio ritornava, si alzò da tavola, depose le vesti, prese un asciugamano e se lo cinse attorno alla vita. Poi versò dell'acqua nel catino e cominciò a lavare i piedi dei discepoli e ad asciugarli con l'asciugamano di cui si era cinto. Venne dunque da Simon Pietro e questi gli disse: "Signore, tu lavi i piedi a me?". Rispose Gesù: "Quello che io faccio, tu ora non lo capisci; lo capirai dopo". Gli disse Pietro: "Tu non mi laverai i piedi in eterno!". Gli rispose Gesù: "Se non ti laverò, non avrai parte con me". Gli disse Simon Pietro: "Signore, non solo i miei piedi, ma anche le mani e il capo!". Soggiunse Gesù: "Chi ha fatto il bagno, non ha bisogno di lavarsi se non i piedi ed è tutto puro; e voi siete puri, ma non tutti". Sapeva infatti chi lo tradiva; per questo disse: "Non tutti siete puri". Quando ebbe lavato loro i piedi, riprese le sue vesti, sedette di nuovo e disse loro: "Capite quello che ho fatto per voi? Voi mi chiamate il Maestro e il Signore, e dite bene, perché lo sono. Se dunque io, il Signore e il Maestro, ho lavato i piedi a voi,

---

[1] Omelia del Giovedì dell'Alleanza, 9 aprile 2015.

anche voi dovete lavare i piedi gli uni agli altri. Vi ho dato un esempio, infatti, perché anche voi facciate come io ho fatto a voi. In verità, in verità io vi dico: un servo non è più grande del suo padrone, né un inviato è più grande di chi lo ha mandato. Sapendo queste cose, siete beati se le mettete in pratica" (Gv 13,1-17).

E sia sempre gloria a Dio.

Il Giovedì dell'Alleanza[2] è caratterizzato da due azioni fondamentali compiute dal Signore: una è l'istituzione del mistero dell'Eucarestia e l'altra la lavanda dei piedi dei discepoli da parte del Signore nella camera superiore. La lavanda dei piedi dei discepoli da parte del Signore è un evento che, come tutti gli eventi che riguardano il Signore, non ha fine nella Chiesa ma prosegue sotto forma di rito in tutte le chiese tradizionali nel mondo. Su questo mistero, il mistero della lavanda dei piedi, si è fondato il monachesimo in Egitto e molte delle diaconie e degli ordini attivi nel mondo.

Il principio generale su cui si fondava la Chiesa primitiva era che il più grande non doveva opprimere il più piccolo ma doveva servirlo. Il grande doveva considerarsi come il più piccolo tra i suoi fratelli. Nella Chiesa primitiva era difficile distinguere tra grandi e piccoli. Se fosse entrato in una chiesa dell'epoca un estraneo avrebbe avuto difficoltà a riconoscere chi presiedeva. Le storie in questo senso riempiono i libri di storia ecclesiastica. Durante l'epoca del papa Atanasio leggiamo che i soldati, dopo aver fatto irruzione in chiesa durante le lodi notturne, volevano arrestarlo. Egli

---

[2] È il nome con cui viene chiamato il Giovedì di Passione in quanto in questo giorno il Signore ha annunciato e istituito la Nuova Alleanza mediante il suo sangue.

non fece altro che semplicemente sgusciare via senza che essi se ne accorgessero. I suoi abiti, infatti, non lo facevano distinguere dagli altri[3]. In un'altra occasione, papa Atanasio scappava con una barca verso l'Alto Egitto presso abba Pacomio. Era inseguito da alcuni soldati che gli chiesero: "Hai visto Atanasio?". Ed egli rispose: "Non è lontano da voi!"[4]. Ancora una volta, questo ci fa capire che né lui indossava abiti particolari né quelli del suo entourage, e che, inoltre, navigavano su una normale imbarcazione. Nella biografia di San Severo di Antiochia leggiamo che, quando arrivò al Monastero di San Macario, i monaci non si resero conto che tra di loro ci fosse un patriarca. Nulla, infatti, nel suo aspetto lo rendeva diverso dagli altri presenti[5]. Di abba Antonio leggiamo:

> Chiesero ad abba Antonio se è bene che il monaco basti a se stesso così che non serva alcuno e non si faccia servire da alcuno. Rispose: "Il Signore ci ha insegnato a servire i nostri fratelli come i servi servono i loro padroni e come egli, cingendosi la vita, ha lavato i piedi dei discepoli. Non impediamo di farci servire perché a Pietro, quando si è rifiutato di farsi lavare i piedi, il Signore ha detto: 'Se non ti lavo non avrai parte con me'"[6].

Leggiamo ancora nel *Bustān*:

---

[3] Cf. Socrate Scolastico, *Storia ecclesiastica*, II, 11. Atanasio di Alessandria, *Difesa della sua fuga*, 24.

[4] Cf. Socrate Scolastico, *Storia ecclesiastica*, III, 14. Teodoreto di Cirro, *Storia ecclesiastica*, III, 5.

[5] Cf. René Basset. *Le Synaxaire arabe jacobite*, Patrologia Orientalis 1.3. n. 3, Firmin-Didot, Parigi 1904, pp. 313-314.

[6] Apoftegma n. 19 del *Bustān* (p. 20).

Alcuni uomini malvagi e cattivi giunsero da padre Giovanni il siro. Egli, allora, versata dell'acqua in una bacinella, lavò loro i piedi. Essi non poterono trattenere la vergogna per la maniera in cui li aveva onorati. E si convertirono[7].

Questo comandamento – il comandamento di lavare i piedi gli uni degli altri – è uno dei più grandi e il Signore l'ha equiparato all'Eucarestia. Notate che la lavanda, secondo l'evangelista Giovanni, è avvenuta "durante la Cena" (Gv 13,2), come se la Cena fosse avvenuta proprio perché si compisse la lavanda. Inoltre, la Cena ha come scopo la nostra unione con il Corpo e il Sangue del Signore per avere parte con lui. E a Pietro che si rifiutava di farsi lavare i piedi, il Signore ha detto: "Non avrai parte con me". Questa equiparazione da parte del Signore è dovuta allo stretto legame che c'è tra comunione e umiltà. Per lui l'umiltà fa parte del mistero dell'Eucarestia. E dunque, quando ci comunichiamo, abbiamo parte con il Signore. Allo stesso modo, quando laviamo i piedi ai nostri fratelli, abbiamo parte con il Signore.

Il Signore ci doni in questi giorni umiltà e ci faccia imparare a lavare i piedi dei nostri fratelli e a servirli come servi tra i loro padroni.

E a Dio sia gloria per sempre. Amen.

---

[7] Apoftegma n. 478 del *Bustān* (p. 214).

INDICE

Del tre volte beato anba Epiphanius (1954-2018), vescovo e abate del Monastero di San Macario, è stato pubblicato anche:

UNA SALVEZZA COSÌ GRANDE
Seconda edizione corretta e ampliata

Coloro che sono stati morsi dal peccato e il cui corpo è stato infettato dal suo veleno mortale guardino a Colui che è morto per loro una volta e per sempre e che ora è vivo e donatore di vita. Sentiranno il brivido di una vita nuova scorrere nelle loro vene e vedranno rinnovati i loro pensieri, le loro emozioni, le loro speranze e le loro aspirazioni. Nel dialogo con Nicodemo, il Signore Gesù ha rivelato il mistero della nuova vita che egli ha donato a lui e a tutti coloro che credono in lui. Non ci manca ora che guardare con fede al Signore Gesù. Allora otterremo la vita eterna, allora gusteremo "una salvezza così grande" (Eb 2,3).

www.ingramcontent.com/pod-product-compliance
Lightning Source LLC
Chambersburg PA
CBHW030927090426
42737CB00007B/340